此生江湖聚散
你要敢爱敢当

李爱玲 — 作品

江苏凤凰文艺出版社
JIANGSU PHOENIX LITERATURE AND ART PUBLISHING, LTD

图书在版编目（CIP）数据

此生江湖聚散，你要敢爱敢当 / 李爱玲著. — 南京：江苏凤凰文艺出版社，2019.1
ISBN 978-7-5594-2930-8

Ⅰ. ①此… Ⅱ. ①李… Ⅲ. ①散文集 - 中国 - 当代
Ⅳ. ①I267

中国版本图书馆CIP数据核字（2018）第218035号

书　　名	此生江湖聚散，你要敢爱敢当
作　　者	李爱玲
责任编辑	丁小卉　姚　丽
选题策划	李　娟
出版发行	凤凰出版传媒股份有限公司 江苏凤凰文艺出版社
出版社地址	南京市中央路165号，邮编：210009
出版社网址	www.jswenyi.com
经　　销	凤凰出版传媒股份有限公司
印　　刷	三河市中晟雅豪印务有限公司
开　　本	880毫米×1230毫米　1/32
字　　数	220千字
印　　张	9
版　　次	2019年1月第1版　2019年1月第1次印刷
标准书号	ISBN 978-7-5594-2930-8
定　　价	39.80元

江苏文艺版图书凡印刷、装订错误可随时向承印厂调换

自序

你敢爱，就敢当

我算不上一个特别勤奋的写作者。

一年写十几万字，有兴之所至时的一挥而就，也有看过读者留言后的倾心而谈。

我在一段段倾诉里感知，在一个个故事里反观，自有轻吟浅唱般的共鸣，也有江河奔流般的震憾。

这是我，作为一个写作者的幸运。

这是我的第四本书。写下这些字的此刻，我刚完成一场青岛与上海间的往返，一天之内，朝往暮归。

当飞机盘旋在我所定居的这座海滨城市的夜空，明月清冷，星光寂寥，那一刻，有一种孤寂静默的富足感。

想起曾被人问："你把自己搞那么忙，累不累？"

当然累。

累过之后依然攻坚克难甘之如饴，这背后，一定附带着更物超所值的收获。

人生不就是三件事吗——

你要什么、如何得到、愿为此承担什么代价。

今年上半年，我也经历过一个很焦虑的阶段。

每日惶惶，上紧发条往前冲。却又不知去向哪里，终点何处。

那个阶段让我承受了史无前例的压力，却也让我更加理解了那些在某个凌晨、某个风天、某个雨夜，隔着屏幕对我写下几百字留言的人。

有人在情爱路上跌跌撞撞，终究夙愿难偿。

有人在不惑之年四面楚歌，不知路在何方。

有人在劳劳尘梦里左奔右突，依旧慌恐惶惑。

焦虑深处，都是恐惧。

恐惧背后，皆有伤痕。

当你明白这伤痕的来处，便理解这恐惧的源起。

当你了解这恐惧的所在，便知晓了心安的去处。

以前有读者问我怎么理解“幸福”，我会脱口而出喜宝名句：“要有很多爱，也有很多钱”。

如今若再问，我的答案会是：“能与自我和解，接纳，以及负责。”

因为世间幸福本无标准答案，那只是一种极其个人化的感受。

它私密，隐蔽，心照不宣，你情我愿。

能让自己幸福的人，并不仅靠自我的独立和经济的强大来成就，而是一份全然负责的担当和勇敢。

人人都曾喟叹际遇，感慨飘零，厌倦重复，抱怨不公。

你我也曾跌跌撞撞，上下求索，辛苦营役，爱而不得。

我们以为，不幸福是因为搞不定一个问题、一段关系。

却不知，那只是因为我们搞不定自己。

不敢面对自己的脆弱与缺憾，不敢正视自己的虚妄与不安。

我一度很迷信“能力”“强大”这种词，坚信凡是问题，必有方法解决。

而这一年我最大的成长在于，明白有些事不需要解决，只需要接纳与共存。

与问题共存。与困难共存。

与孤独共存。与痛苦共存。

人生就是一场进行式，能量守恒，得失各半。

任何事，任何感情，无论对错输赢，都是一种无可替代的独家体验。

我们来这世上，就为饱经风霜。

只管去开天辟地，勇闯世间。

哪怕是孜孜矻矻，筚路褴褛。

你敢爱，就敢当。

爱过的人，终究是赚了。即使曲终人散，也值得流连再三。

我会陪你走到渡口，看你勇敢泅渡，然后挥手作别，江湖聚散。

愿你有爱，也有胆。

目录

PART 1

既知此生难周全，不如放胆

PART 2

熬过虚无与暗夜，终有爱与恩慈

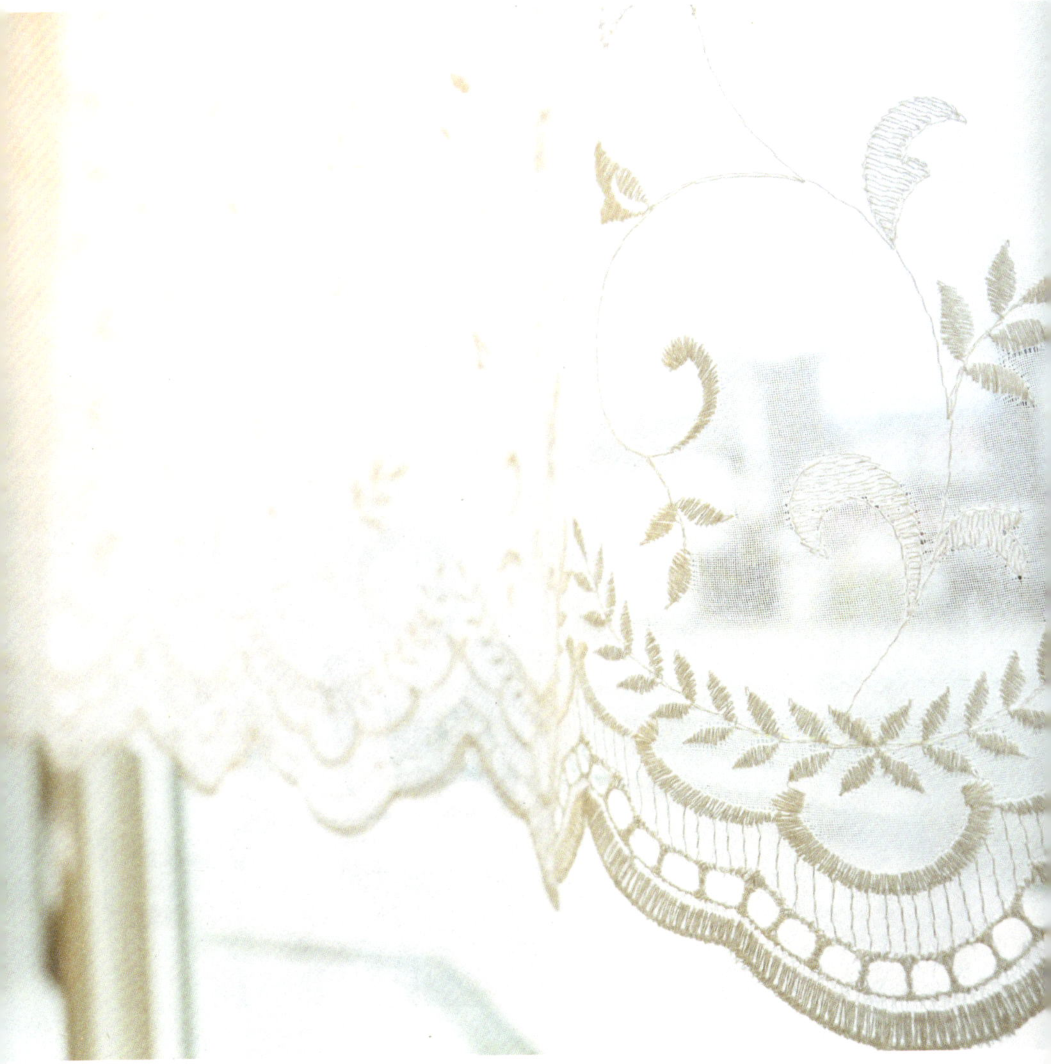

PART 3

欲是性与性，爱是灵与灵

PART 4

一个女人的成熟，就是最牛的整容术

PART 1

既知此生难周全，不如放胆

◇

岁月长，衣衫凉。

你只有走过之后才有资格回头看，

当初痛哭过的深夜，

原来恰好有月光。

002

谁痛苦谁改变，谁成长谁受益

> 真正成长起来的人，不会把幸福交由他人负责，
> 而是敢于遵从内心真实的声音，有底气地做出选择。

01

公司团购了一个家庭教育课程，报名的时候，有意思的一幕发生了：

超过半数的男员工，都是给自家老婆报的。

而女员工多数是想回家做通老公的工作，让他和自己一起参加。

我做了一个简单调查——

给老婆报名的男同事，都是统一认知：平时都是媳妇管孩子，她需要学习。

想回家叫老公一起报名的女同事，也一致认为那个猪队友太需要改进。

有趣的结果出现了——

给媳妇报名的，基本都同意并确认了。

回家和老公商量的，无一不是铩羽而归。

这是一个非常有代表性的现象，不只一个家庭、一家公司，而是当下整个社会呈现出来的两极分化——

女性的求知欲、成长欲呈现出前所未有的蓬勃趋势，尤其是妈妈群体。

而广大男同胞还停留在拒绝接受世界的变化，坚信自己没问题的阶段。

遇到学习机会，女人想到的是带上男人一起进步。

而男人的直接反应是：没我啥事，让老婆好好学学就行了。

女性群体日趋攀升的成长需求，有大数据为证：在小鹅通知识付费平台，女性用户达到62%，而在拥有1.5亿用户的荔枝微课，女性用户占到70%。

那么问题来了——

这个社会，凭什么女人在不停成长，男人却可以不思进取？

每次想到这一点，女人们就愤愤不平咬牙切齿，恨不能踹了家中那个不成器的猪队友。

我有一个读者，平时很少留言评论，但每次，只要我的文章观点是倡导女性成长，她一定会在后台留言质疑：

“你也是女人，怎么不说让男人成长，成天喊着让女人成长，男人都干吗？”

“你这种观点就是男权的帮凶，让他们更加懒散，不求上进！”

“现在女人也要工作赚钱，一样养家，还得带孩子干家务，凭什么总让女人成长？”

我特别理解她这种情绪。

她的不平与不甘，其实代表了相当一部分女性的观点：

一样的人生父母养，一样的赚钱也养家，凭什么？

02

相比男性，女性对亲密关系、情感质量的要求通常更高。

不必看大数据，看看身边人就知道了——吐槽老公、抱怨婆婆、被熊孩子气吐血的都是女人。

而对男人来说，没有什么烦恼是一顿烧烤喝酒吹牛解决不了的。如果不行，那就两顿。

女人不满，因为她更在意关系，在意感受。

所以，这是我们要探讨的第一个重点——

谁痛苦，谁改变。

太多女人都活在“他做得不好，所以我才不幸福”的模式里。

当你勇于打破这个困局，模式就会变为“我为我的幸福负责，所以我愿意为此做些什么”。

中国男人大多是回避型，两人吵架了就不说话，家里氛围不好就不着家，在单位加班、打游戏，回来后蒙头大睡，不是他们喜欢这样，而是他们不知道面对和处理这些问题。

女人对现状不满，愿意去反思、学习，寻求成长和突破，这就是勇于对自己负责的表现。

所以你更该明白，成长是为了谁而做的？学习是为了谁而学的？改变是为了谁而变的？

没有别人，只有自己。

女人的自我成长，不是为了去改变男人，而是以自我为轴心，看到自己的优劣多面和成长空间，去提升薄弱的部分，拥有更多让自己幸福的能力。

他成不成长，那是他的事，你只能管好自己的事。

这世间最残酷的真相之一就是，我们无法改变和控制任何人。

无论是生你养你的父母，还是你生你养的孩子，更别说那个没有半点血缘关系的婚姻伴侣。

如果你是为了自己而成长，就不会把关注点聚集到他人身上。

03

女人改变了，男人就一定会变吗？

不一定。

那为什么还要女人改变?

这就是第二个重点——

谁改变，谁受益。

有个段子：努力不一定会成功，但不努力一定会很舒服。

我们都习惯活在自己的舒适区里，走出舒适区，进入挑战区，一定会有痛苦。

但这份痛苦改变的背后，最大的获益者一定是自己。

女人在自我成长之后，可能会面对三种结果。

第一种：你变了，他也奇迹般地变了。

一个朋友之前经常跟我抱怨老公不陪孩子，孩子交到他手里，过不了十分钟就被弄哭，男人只能一脸无奈地交回她手里，久而久之，干脆不提这茬，反正也哄不好，死猪不怕开水烫，沙发躺尸打游戏。

她嫌他笨、蠢，恨自己瞎了眼，选了个窝囊废。

后来一次偶然机会，她听了一个关于沟通艺术的讲座。回家后，她尝试着率先做出改变。

把“一个大男人连个孩子都哄不好，不如去碰死”换成了“我相信其实你心里也很想做个好爸爸”，把“你这辈子都改不了这个死德行”换成了“我知道你只是还没找到好方法”。

她发现，男人的态度也开始发生改变。直至如今，彻底变成女儿奴，让她尽管去美容瑜伽下午茶。

女人的强制和逼迫，都不是让男人发生改变。

真正有用的，是感染和影响他。

第二种：你变了，他没变，但你发现自己愿意接纳了。

我曾经很受不了我老公慢条斯理的性格，经常嫌他“上个卫生间比我生孩子还慢”。天然的个性迥异让我不爽了很多年。

但在我了解性格和人格的形成、真正懂得宽容与柔软之后，我愿意发自内心地接纳那些曾经让我特别不爽的差异，我愿意发现和欣赏他性格里的“慢”而带来的耐性和包容，愿意承认他的钝感力为我的家庭和孩子带来的益处。

两个人就像两个星球，相爱时被各自的亮面所吸引，过着过着就到了用暗面来面对对方的轨道。

当我愿意做出调整，接受磨合，我便能够接纳对方人性里一半亮面和一半暗面的真相。

我终于肯承认，我们都是这样的人。我看到并接纳彼此真实的存在，才能活得更加诚实和坦然。

第三种：你变了，他没变，但你有勇气重新选择了。

有很多读者问过我：

“难道男人出轨撩骚、不负责任，明明是他的错，也得让女人改变？”

“总让我成长，那岂不更把他惯得不知天高地厚，得寸进尺了。”

“婚姻是两个人的，光我改变，他不改变，有什么用？”

不是所有人都是孺子可教，总有人是烂泥扶不上墙的主。

但一个勇于成长的人，有能力把选择权握在自己手上。

他出轨撩骚，屡教不改，这种生活不是你想要的，那你可以为自己要的生活做些什么？

他自私懒惰，不求上进，你不愿跟他一起烂在泥里，所以你需要怎样对自己负责？

真正成长起来的人，不会把幸福交由他人负责，而是敢于遵从内心真实的声音，有底气地做出选择。

成长，是贯穿我们一生的主题。

当我们学习过、努力过、反思过、改进过，再回头审视自己，人还是那人，事还是那些事，你说不清自己哪里变了，但分明，你看待问题的角度、层面、格局、思维模式，都不同于以前。

它像一场夜雨，润物细无声，令你焕然新生。

那些当初看让你焦灼，迷茫，困顿，快要喘不上气，几乎活不下去的问题，云淡风轻了，海阔天空了，豁达通透了，尘埃落定了。

这是成长赋予我们真正的意义——拥有更多智慧，生出更多慈悲。

就算那个人仍然停留在原地，又有什么关系？你已经不在原地了。

这才是“你能惯着他，也能换了他”的真正底气啊。

女人们，放下“凭什么”的执念，只管去做吧。

此刻，当下。

只有你去做了，思索了，领悟了，你便懂得了那一句：

世上没有白走的路，每一步，都算数。

我有情与义，还要爱和你

> 有朋友也有对手，有底线更有温柔；
> 能品茶也能拼酒，能赚钱更会享受。

01

众女友夜宴，谈及电影《后来的我们》，一众熟女纷纷表示：没时间感怀前任。

一边忙着赚钱和变美，一边拖着队友同上进，为股票基金学区房操碎了心，铆足劲儿对抗地心引力鱼尾纹。

前任？Sorry！我们这样的女人，只在乎现在进行时，不考虑一般过去式。当年不是没有无知轻狂过，坚信爱情比天大，笃定有情饮水饱。

他是电，他是光，他是唯一的神话，永远的Super star。

学霸女友A，高中时代恋上同级学霸男神。男神亦有好感，但表示不考上心仪学校不谈恋爱。上进好青年令她更加仰慕迷恋。那年黑色七月，男神高考失利，只能填报省内二本院校。她为爱不惜迂尊降贵，放弃已过分数线的上海211，改报男神同款大学。

最终造化弄人，被同市另一所高校录取，与男神学校距离一小时车程。她从此化身花蝴蝶，每周末乘2路破公交往返于两校之间。

不知多少次男神清晨一个电话“今天想吃豆浆油条”，她披衣出门一小时送到，比快递小哥还准。男神接过即转身，她屁颠屁颠跟去食堂，老母亲般饱含深情看他吃完，一粒渣都没给她剩。

第二年男神生日，她用一学期馒头就乌江榨菜攒下的生活费，买一块品牌手表作礼物。不打招呼制造惊喜出现在男神宿舍楼下，却见他与一艺术系女生勾肩搭背乘兴而归。她将手表摔得粉碎痛哭失声，一遍遍死不瞑目追问男神：“你，到底有没有爱过我？”痛彻心扉爱过，粉身碎骨伤过，自此爱情入土相思化灰。

她加入考研大军，拼得昏天黑地，重新考入上海211，从此男神是路人。如今面前的她，名校硕士外企高管，嫁与金融才俊，对方既是婚姻伴侣也是事业合伙人，家庭美满儿女双全。众姐妹问：“如何评价当年为爱壮士断腕自毁前程的壮举？”

她笑吐烟圈：“我们曾犯贱，想到就心酸。但是，成长不就是一个不断发现自己是傻缺的过程吗？”

02

今年春天，我带读者旅行团去摩洛哥，有消息称摩洛哥王妃离婚。读者们当即向地接导游求证。

我向来不关注王室八卦豪门婚姻，但这位摩洛哥王妃，绝对是个值得钦佩的女人。

拉拉·萨尔玛，1978年出生于摩洛哥古城菲斯，3岁丧母，由外祖母抚养长大。但从事教育工作的父亲一直对她悉心教育，让她从小拥有与众不同的教养和见识。在摩洛哥，受高等教育的女性很少，不上学的女孩子比比皆是，但拉拉·萨尔玛品学兼优，尤其是数学，这在当时的同龄孩子中已属凤毛麟角。

她在初中毕业后进入哈桑二世中学数学班，然后又考入名校进修计算机工程。毕业后，拉拉·萨尔玛进入北非证券集团成为IT工程师——举国上下绝对稀缺的“程序媛”。1999年，王室私人晚宴，当时还是王储的穆罕默德六世，对美貌和才华于一身的拉拉·萨尔玛一见倾心。

两人开始交往，直至穆罕默德六世登基，稳坐国王宝座后，他向拉拉·萨尔玛正式求婚。

若是让琼瑶阿姨来写这段，女主要幸福到眩晕，然后执手相看泪眼，从此过上幸福的生活，可拉拉·萨尔玛拒绝了。

她提出惊世骇俗的条件，只接受一夫一妻制。要娶我，就必须抛弃三宫六院的陋习。

也正是因为这一点，许多人指责拉拉·萨尔玛是“实力绿茶”，欲擒故纵这招玩得信手拈来。但就是凭这一点，拉拉·萨尔玛已秒杀无数傻白甜。光说爱我有什么用？我知道自己要什么，所以我敢和你提条件。不与他人侍一夫，不配合出演深宫争宠狗血剧。你有你的摩洛哥王国，我也有我自己的世界。

后来的事情，全世界都知道了。国王穆罕默德六世为表诚意，向全国颁布法令，执行一夫一妻制，并对外公布了即将与拉拉·萨尔玛结婚的消息。王室大婚，举国沸腾。拉拉·萨尔玛被册封为“拉拉·萨尔玛公主”，从此与国王的姐妹享有同等待遇。

婚后，拉拉·萨尔玛行使摩洛哥王国第一夫人的权力，随国王出访各国，参加各种慈善活动，落落大方，仪态出众。

她不戴面纱，用西式服装取代阿拉伯裙袍。

她青睐Chanel、Dior、Jean Paul Gaultier、DOLCE&GABBANA、GUCCI、PRADA等品牌高级定制。她还将喜欢的VALENTINO时装进行改良，融入摩洛哥民族元素，穿出自成一派无可比拟的美。

多年来，拉拉·萨尔玛为阿拉伯女性的权利和地位不遗余力地奔走，成立多项慈善基金会，用于癌症研究和艾滋病预防，一次次刷新世界对女性的认知。这样的女人，即使离婚，只不过留给世人感慨童话梦碎而已。她自己，依然是部传奇。

从前，女人靠征服男人来征服世界。

现在不必了，她自己也可以。

03

我绝对不会嘲笑，那些山无棱，天地合，才敢与君绝的少年。

也丝毫不会鄙视，那些在影院里泪满衣襟，感怀前任的男女。

就如同，我能理解那些唱着“我们爱得难舍难分，爱得奋不顾身”泪流满面的人。

青春肆意的时候，放任去爱吧；尚有力气的时候，尽情去痛吧。

在“赢了你，输了世界又何妨”面前栽过大跟头的姑娘，也不见得是坏事。你见识了这世间残酷和生活本色，从此便可以少一些镜花水月的虚无幻象，剩下的时间，心无旁骛地为自己去奋斗。

爱情很重要，但不再是唯一。

男人很要紧，但不是人生主线。

17岁的我，会为琼瑶剧“你只不过失去了一条腿，而紫菱失去的是整个爱情”而动容。

37岁的我，只会回一句：“老子要腿，去他的爱情。”

这就是一个女人质的蜕变——我不只要你的爱，还要我的全世界。

输了世界，光赢个你有什么用？

喝多少鸡汤，读多少诗词，我还是想升职加薪涨本事，买车买包买大楼。那些价签，从不会因为我爱得多深就减个零。

我来告诉你，现在的女人要什么——

有朋友也有对手，有底线更有温柔；

能品茶也能拼酒，能赚钱更会享受。

是的，我有情与义，还要爱和你。

所以，我们愿为自己的贪心义无反顾地努力。

我们要在婚姻里熬过多少年，才能释怀那些心酸？

当有一天，我们全然接纳自己作为一个凡人的脆弱和无奈，
便也能接纳婚姻的瑕疵和庸俗。

01

是夜，熊孩子睡去，正是中年夫妻赌书泼茶吹牛皮、围炉夜话瞎调侃时。

聊到了鸡汤文里，那一段被男人奉为上品知音的句子：

“男人每天下班回家到楼下，都会在车里抽支烟，静静地和自己待会儿。因为只有那一刻，他不属于家庭、不属于工作，只属于自己。”

我气不平心不甘：“难道女人不需要属于自己吗？实话告诉你，我以前也经常下了班不回家，一个人去小广场坐着。”

我说的是真的。

孩子嗷嗷待哺蹒跚学步那几年，我不知多少次，下班后枯

坐在街边长椅，不想回家，不想说话。

我知道那扇门，是鸡毛生活的大幕，一拉开，就是高跟鞋到屎尿屁的沦陷，职场精英到琐碎主妇的穿越，烈焰红唇到游尘土梗的退行，挥斥方遒到任人鱼肉的落差。

家里每一个人都让我不满，孩子叽歪，父母唠叨，而那个猪队友两耳不闻窗外事，闲庭信步满脸淡定。

我也想有一个时刻，不是谁妈，不是谁女儿，不是谁老婆，只是我自己，行吗？

老公愚钝大条的神经，还是嗅到了我即将慷慨激昂、举一反三、痛说革命家史的气息，一杯泡好的正山小种及时递过来。

我翻着白眼一饮而尽。

他说："其实那时候，我也经常自己在车里坐会儿。你知道吗，我不是逃避看孩子，而是逃避你的态度。你在自己父母面前，有什么都能直说，而我，有不满也得忍住。"

我听后一怔，满心怆然。

倘若不是今夜，倘若不是话题凑巧聊到这儿，这么多年，我从不知道，他也有这般凄惶酸楚的时刻。

原来曾经一度，同床共枕的两个人，分别孤独着自己的孤独。

我们各自不安，我们相互亏欠。

我往他肩头靠了靠，眼前浮起一层薄雾。

婚姻里的两个人，要熬过多少年，才能释怀当初那些无法言说的心酸？

02

爱情，让两个人不顾一切聚合。

孩子，却能让两个人轻易殊途。

我偶尔会回想，那些年，我是如何活出满腔幽怨的：

是怀胎十月未曾见他做一顿早餐的失落；

是开奶时疼痛锥心他更关注孩子够不够吃的怨恨；

是月子里他递上奶瓶急匆匆去看NBA的愤懑；

是孩子病时意见各异他避重就轻的苦楚；

是争吵过后他倒头秒睡鼾声震天的孤寒；

是满腹委屈被他轻描淡写一带而过的绝望。

生儿育女的困苦，嫁人不淑的悔恨，那些具象的、刻骨的怨怼，那些期望变失望的沮丧，那些自我质疑的挫败，交缠在一起，幻化成我对婚姻的深恶痛绝——我结这个婚干什么？

我怀揣一腔孤勇独闯世间，以为无所不能，却始料未及在婚姻里猝然黯淡。

我曾无数次午夜梦回单身时光。

自在逍遥中坐拥天下，我呼朋唤友通宵达旦。

锦瑟流年里目眩神迷，闺蜜们衣香鬓影彻夜狂欢。

我也曾那般艳若桃李，为爱情，有毫不吝惜破釜沉舟的勇气。

而这勇气，在我怀中娇儿嗷嗷待哺，孩儿爹抱起篮球潇洒而去的那一刻，随着关门声碎成渣渣。

情爱，不过如此。人心，不过如此。

03

每次我写这些，总会有许多人问：

后来呢？你是怎么改变？

是怎么把婚姻经营好的？

是怎么变幸福的？

廖一梅有一段话："外在的失去或获得都不构成人最本质的惩罚或者奖赏。人面对的最大困难始终是自己，有时候是一根羽毛落下来就不行了，有时候泰山压下来都没问题。"

我坚信，人应该有力量，揪着自己的头发把自己从泥地里拔起来。

当一段感情，没有原则性错误，没有超出底线的过失，只在鸡零狗碎里渐行渐远，陡生疲惫和厌倦，那么，我们需要更多地去反观自己。

人生是一袭华美的袍，爬满虱子。

何止是虱子？还有打不完的蚊子，驱不散的苍蝇，杀不死的螨虫。

红尘男女，从风花雪月，到凌杂米盐，实现生活着陆，变为三口之家，其实是个质的改变。

恋爱是九曲回肠一咏三叹，而结婚是过日子，坦诚相见无遮无挡，一切都暴露于光天化日之下。

如果能力不足，便只能被动接受变化的曲线，无力创造新模式的弹性。

就如当年的我，并不懂得，亲密关系里，没有绝对的对与错，也没有永远的强和弱，我们需要给对方一个解释的契机，一个下台的理由，一个改变的机会，那也是给这份感情，一个继续下去的理由和动机。

而铁骨铮铮的我，提着一口气，堵上满腔怨恨，誓不低头，誓不开口。

一个一味用凌厉去防御，一个只能用沉默去回绝。

而各自的心酸，只能在心里各自风化，各自皴裂，各自零落成尘。

04

这世间并无救赎，只有那些令自己觉醒反思的时刻——

是我歇斯底里吼出离婚后看到儿子手脚欢腾瞳孔清澈时的痛心；

是我抓狂暴怒泄愤斥责后转身看到镜中自己面目狰狞时的错愕；

是我揽镜自照惊觉忽如一夜华发生、韶华粉黛无颜色的惊惧。

人生啊，哪能就此这样了。

庆幸我还有读书写字这份爱好，它们像两只上帝的手，将我从这爱怨交缠的生活中拉开，站在自己之外审视。

这份自持，让我不肯自怨自艾。

这份自惜，让我不愿就此折堕。

我终究要做那个，揪着头发把自己从泥里拔起来的人。

学会接纳，尝试包容。

练习沟通，宽宥不同。

能解决的，交给方法。

不能解决的，交给时间。

婚姻是一棵树，也有必然要熬过的烈日酷暑，雨打清秋，大雪压头，才可能迎来枝繁叶茂，开一番花，结一轮果，进入下一个春华秋实的循环。

那些齿轮，那些沙子，都要磨。

孩子会长大，不会永远夜夜哭闹。

我们会成熟，不会始终戚戚自怜。

当有一天，我们全然接纳自己作为一个凡人的脆弱和无奈，便也能接纳婚姻的瑕疵和庸俗。

同时，我们也拥有一个凡人的皮实和强韧，拥有对众生的悯恤和慈悲。

彼时，你再看那个猪队友，那个枕边伴，那个当初恨不能踹出八丈远的人，原来也曾历尽艰难，也有一把辛酸泪，一本难念经，无处哭泣，无处诉说。

这世间多少柴米夫妻，几经世事辗转，几经动荡悲欢，终得心酸消解，枕温衾暖。

这婚姻，才能成为甘愿的安心去处，踏实的烟火人间。

被男人抛弃算什么，被时代抛弃才可怕

> 失婚的女人，庆幸还有工作。
> 失业的男人，庆幸还有老婆。

01

人到四十，最怕什么？

想想一个中年男人，昨夜还陪上司应酬喝酒见客户，今天一早就被叫到办公室，迎面递来一张辞退通知书，铁面无情地要求他签字，然后交接，离职。

如同一个中年妇女，日日操持家事、侍奉老人、教养孩子，某天夜里，老公摊牌，递来一纸离婚协议书，要和你谈条件，如何分割财产以及孩子抚养权。

残忍吗？当然。

女人堆里，听说谁谁四十多了老公出轨，跟小三生了孩子要离婚，一片兔死狐悲。

男人局内，听闻某某原本一帆风顺、平步青云，突然被辞退被解雇，顿觉哀鸿一片。

各自心有戚戚焉。

女人的情路，男人的仕途。

人到中年，怕的不是衰老，而是人生半局，一切转眼成云烟。

“70后”“80后”这两代人，以前总被父母教育：“你们多幸运，没赶上三年灾害挨饿，没过过一条棉裤全家穿的穷日子，还有什么不知足！”

如今迈过不惑年，拔剑四顾心茫然——

承受着史上最高房价，背负着四个老人一个（或两个）孩子的养家重担，“互联网+”时代的潮水排山倒海而来，一不小心就被新生代拍死在沙滩上。

不敢病，不敢老，不敢死。

又不敢耗，不敢赌，不敢输。

02

二十多岁时，我们觉得压力山大。

找工作、找对象、找房子，每天都在奔忙，经常觉得很丧。

现在回头看，年轻人的丧，大部分是烦恼。

而中年人的丧，才是真格的痛楚。

上有老，下有小，赚多少钱都不够花。

人前风光无限，人后苦累参半。

每天一睁眼就是一堆数据一堆事，房子的贷款、孩子的补习班、老板要的报告、下属提的方案，白天西装革履开会谈判、晚上回家累得瘫软。

狗一般的中年？拉倒吧，狗才不忙呢，每天闲溜达晒太阳，这世上没有任何一种生物忙得跟人似的。尤其，跟中年人似的。

即便如此劳碌，依旧危机四伏。

新技术持续更替，经验价值降低，勤学上进脑瓜灵光的新生代人才层出不穷。

时代滚滚向前，不只是某个行业，也不只是技术人员，我们每个人，都在这洪流里挣扎着前进，不敢乏力，不敢懈怠，一不小心，就被冲到未知的暗处，永远游不回来。

剑桥大学有项研究数据，未来十到二十年，47%的岗位会消失。

大数据时代、人工智能的到来，科技日新月异，技术加速变革，那些易被复制、重复性强的工作岗位都将在不远的未来被取代。

时间线越来越短，每个人都在接受新挑战。

有数据显示，在过去两年新增的人工智能类型企业，比过去十年总和还要多。在未来，人工智能将取代一部分可预测的体力工作，更多工作会变为人机交互，人机共存。

莫怨公司无情，在时代变迁的大背景之下，企业寿命缩短，产品生命周期缩短，用户成长速度快于企业。

每个企业，和我们每个人一样，在物竞天择优胜劣汰的洪流面前，做着一个个艰难而谨慎的选择。

03

网上曾有个热议话题：为什么有人开车到家后，坐在车里发呆不愿上楼?

有人说："那是一个男人的分界线，推开车门你就是柴米油盐，是父亲，是儿子，是老公，唯独不是你自己。在车上，一个人静静，抽根烟，这个躯体属于自己。"

一个女友听完这个言论后翻了个白眼："你以为，只有男人如此吗？"

她一年前创业，从此成了旋转陀螺。

当老板是什么感受？就是上班下班都一样，推开哪扇门，都是一张张等着你养活的嘴。

每晚回家，把车停进车库，她都要独自待上十分钟。

对女人，推开车门那一刻，又何尝不是轰然拉开的生活大幕——

你是温柔如水的妈妈，你是笑容可掬的女儿，你是善解人意的妻子。

还有人问她，忙成这样，是否担心老公会出轨？

她苦笑，我更担心自己会过劳死。

相比失业，相比破产，相比没钱，失婚出轨算什么。

一旧日同窗托我给她找个兼职。她就职于三线城市事业单位，非公务员，无编制，每月到手两千五，孩子的奶粉、父母的药费，桩桩件件都是钱。

生活就这么现实。你有钱，才有选择权。

我问她有什么技能，她想了半晌，说："五笔。能不能问问你出书的出版社，要不要兼职打字员？"

我在心里默默叹气，早都是电子稿了，哪还有什么打字员。

岁月浩浩荡荡，生活泥沙俱下。

被男人抛弃算什么，被时代抛弃才最可怕。

04

我每次出差回到原来的城市，都要把死党闺蜜叫来酒店倾夜长谈。

两个女人放飞自我，且聊且歌，她说：“每当这时候，我就感觉你没结婚没成家没生孩子，咱们还是二十多。”

呵，我也这么觉得。什么叫昙花一现的放纵，那一刻深深懂得。

谁不曾一人吃饱全家不饿，天大地大，了无牵挂。

如今，出差更像偷情，下班赶紧见缝插针地约老友们喝酒K歌，重温当年逍遥快活。

两日后，收拾行李，打道回府，按时上班，老实码字，辅导熊孩子写作业。

哪有那么多岁月静好，谁不是在苦苦前行。

去年，深圳的女友遭遇婚变，前夫与小三算计利益无所不用其极。她孤身一人举目无亲，与对方争夺财产和孩子抚养权。

离婚官司拖拖拉拉，她遭受身心双重创痛，患上心肌炎。

夜里听她诉说，心疼她举目无亲、孤军奋战，劝她：“抽空找朋友聊聊，别总自己憋着。”

她苦笑：“深圳这个地方，大家都忙得很，谁有闲空听你的狗血。”

想起每天上班走在路中央的十字路口，前方人潮汹涌，每个人都被推着往前走，不能停留，也无法回头。

怕从来没有用，危机无解。

男人只能好好活着，女人只能像男人一样活着。

如果一定要说建议，我只能说：“多学技能，跟上时代；强身健体，增加储蓄 。”

此刻华灯初上，窗外万家灯火，几家欢乐几家愁。

失婚的女人，庆幸还有工作。

失业的男人，庆幸还有老婆。

愿我们，不被苦难凌辱，不被生活辜负

> 我能想到最浪漫的事，不是和你一起变老。
> 光变老有什么好？我想和你一起数着钱变老。

据说，李嘉诚七十大寿的时候，有宾客问他：你平生最大的愿望是什么？

他说：“开一间小饭店，忙碌一整天，到晚上打烊后，与老婆躲在被窝里数钱。”

我是在某天晚上，路过小区杂货店，看到那对中年夫妇的时候，想起李嘉诚这句话的。

01

那家杂货店曾经几次易主。开过理发店、足疗店、小超市，皆以门庭寥落、生意惨淡告终。

也难怪，小区门外就是24小时便利店，再往主干道上走不远就是大型商超，一站路的距离还有早市，谁会在一个居民区的小破店买东西呢?

后来，这对夫妇盘了下来。

依旧是杂货铺子。屋里卖日常百货，门口搭起棚子，卖蔬菜水果米面粮油。

他们帮小区的上班族免费代收快递。在小店门口一字摆放开，齐整有序，一下就能找得到。只要来取过一次快递的人，夫妻俩就能记下名字，下次走到门口，不用主动开口，大姐就会热情招呼名字，自动找出快递递过来："这箱子挺沉呢，拿得动不？"让人听了亲切又暖心，像有了个贴身管家。

慢慢地，取快递的人开始习惯顺手买点东西，或者一把青菜，或者时鲜水果，或者鸡蛋挂面。

大哥还主动贴出微信电话，有天冷懒得出门，或者腿脚不好的老人，直接打个电话，需要什么就给送进家门。

小生意就这么好起来。

那晚我去取快递。天太冷，他们关着门在屋里，没有看到我。

女人正在把钱盒里的钱全倒出来，一张张捋平，按面值整理，男人把手伸到后背上帮她挠痒痒，两个人一边说笑，不时拿计算器按着键，两个饱经沧桑的中年人，笑得像孩子。

我在门外莫名感动。

人生去日苦多，最幸福的时刻，不就是有一个与你风餐露宿辛苦营役的人，在这天寒地冻之时，挠着痒痒数着钱吗？

02

许多年前，我在威海生活。

曾听Boss说，当地有位隐居富豪，山间建了几栋别墅，为人却极为低调，最大的爱好就是坐城郊小公共，花一块钱买票，在车上听人聊市井琐事，柴米油盐，家长里短。

那时的我，实在无法理解，那么有钱的人，怎么会喜欢挤在小公共上，听一群凡夫俗子嬉笑怒骂？

十几年过去，我知道自己这辈子都无法成为那么有钱的人，却不知从什么时候开始，喜欢那些在世俗里，为钱奔波劳碌，依然热气腾腾的人。

就像年少时读《红楼梦》，一心仰慕钗黛才情，恨自己不能及之一二。

行至中年，琼瑶小说读过，三毛散文写过，十二钗的诗情画意效仿过，却更喜欢贾芸、小红、刘姥姥这些野草一般，顽韧又强大的人，也如那对杂货店夫妻。我每次去取快递，都喜欢在那儿唠几句，看他们忙进忙出，热热闹闹，心中总能生出翻涌的敬畏和感动。

那大姐曾告诉我，从盘下这间小店那天，她和丈夫就定下目标——每攒起两千五，就去银行存起来，只能存不能取。

“四个两千五，就是一万呢！”她笑，眼角满是干纹，却那么发自内心。

一块一块，一百一百地攒，攒够了就去存，存好了回来继续攒。

钱，对于为生活摸爬滚打的人，那就是他们的成就感和安全感，就是他们快乐的源泉。

赚钱，攒钱，看银行卡上数字一点点增加，然后窃喜，像一个只能偷偷藏在心里谁也不能说的秘密，但它，就是让人血槽满格斗志昂扬的原动力。

03

不是只有才高八斗、学富五车的人才懂得生活的真谛。

卖菜的、拉车的、炸油条的、跑快递的，大家各有各的追求，各有各的智慧。

人生而孤独，谁不是凭一腔孤勇，存活于这滚滚红尘。

电影《万箭穿心》里，中年女人李宝莉，在丈夫出轨、失业、自杀后，辞去收入微薄的工作，成为靠体力讨生活的“扁担”——挑夫。

这才是真实的人生。

那个逃避、懦弱的男人死了，留下一家老弱妇孺。

但女人还得活下去，还得带着使命和责任活下去。

李宝莉对姐妹说："那个没有鬼用的男人，我不去想他。我现在就是要把这个家撑起来。"

赚钱、养家、供儿子上大学，这是现实社会里，千千万万个像李宝莉一样的女人们，最直接、最本能的目标。

她拒绝闺蜜的资助，凭借一身力气，成为全家的顶梁柱。

就像《红楼梦》里的刘姥姥，即使卑微如草芥，即使渺小如蝼蚁，但她骨子里有一种不服输的韧劲儿，她认定的，千难万险，赴汤蹈火，都一定可以做得到。

即使最后，李宝莉的婆婆怨她，儿子恨她，甚至在考上大学后要与她断绝关系，她都没有像那个窝囊丈夫一样选择自尽。

她在天桥上流泪，发呆，然后回家收拾行李，把房子留给儿子和婆婆，自己搬了出来。

可说的，不可说的，谁都要承受。

赚钱，活下去，除此之外，别的都不是最重要的。

04

那天在公司，与前来取件的快递小哥聊几句。

他说，春节不回家了，快递不停。

我感慨："你们太辛苦。"

他不以为然："现在干什么不累？我们干快递的，不像你们有学历，但赚得也不少，我觉得挺好。"

我顿时汗颜。365天陀螺般旋转，为筹备年会抛夫弃子出差一个多月，高压下焦虑失眠到深夜两点。这样的我，并无资格悯恤任何人。

想起前几日与高管团队闭关三日，核定员工年终奖金。名单核了又核，金额算了又算，生怕负了谁打拼一年的心血和期盼。

人生实苦。

日日扫楼赔尽笑脸只为递出一张名片的销售，起早贪黑风餐露宿的杂货店老板娘，骑三轮穿梭在写字楼取货送货的快递小哥，努力谋生的人，哪一个都是励志典范。

每当我看到这样的人，总忍不住感慨，生活一地鸡毛、泥沙俱下，却也丰盈热辣、生机勃勃。

我喜欢这样的人，看到他们，总会让我生出"活着真好"的念头。

去年网上流行一句：每天叫醒我的不是闹钟，而是梦想。

其实对我来说，每天叫醒我的不只是梦想，还有银行卡上的余额。

真的。

我能想到最浪漫的事，不是和你一起变老。

光变老有什么好？我想和你一起数着钱变老。

好好努力，好好赚钱。

愿我们，不被苦难凌辱，不被生活辜负。

既知此生难周全，不如放胆

> 女人有什么天生励志，自己选的路，不是跪着走完，
> 是凭一口仙气儿吊着走完。

昨晚，有个姑娘发微信给我："爱玲姐，我好想哭，觉得婚姻好累，生活好难，为什么我不能像你们那么强大？"

我回她："想哭就先去哭，哭够了再来找我。"

回完后，我踢掉高跟鞋，陷进沙发里。这姑娘大概不会想到，我，她眼里的励志姐姐，她心中的鸡血女王，在收到她微信的那一刻——夜里十点半，刚刚拖着浮肿的双腿和黑眼圈回到家。

她更不会想到，就在上周，我，这个三十好几的女人，还因为积压已久的情绪而在深夜痛哭了一场。

生活很累，婚姻很难，这是所有人都要面对的人生真相，不只你我。

01

我经常连续几天不能陪孩子。

周末要做两场活动。原定的航班因台风取消，只好改签到周一清早。

中午到达，回家放下行李就直接到公司上班。

工作已经进入年底最紧张而忙碌的阶段，下午开团队会议，手头的一份活动策划方案，始终想不出满意的创意，头脑风暴无果，徒有压力山大。

课程平台负责人委婉地问："什么时候有时间我们讨论一下新的大纲？"

编辑给我下最后通牒："新书加印需要的3000份环衬签名，本周印刷厂必须收到。"

于是，我下班后不吃不喝在公司签到十点。同时打开手机里的订阅，顺便听完6节音频课。

抬头伸个懒腰的工夫，大厦保安像鬼一样探进半个身子，伸出一根手指："就剩你一个人了啊。"

你问我累吗？说不累骗鬼啊！

02

偏偏家中琐事特别多，我觉得很有必要跟老公沟通一下。

我叮嘱他："孩子睡后，我们聊聊。"

十一点，不见人影。看到他在客厅鼾声四起。

你能冲进去把他拎起来，质问他"为什么把我的话当耳旁风"吗？

直接晚安吧，自己去做个面膜，坐拥这无边夜色。

张小娴曾说："爱情，若非让对方看到你最美的一面，便是最丑陋的一面。而婚姻，却是让对方看到你最真实的一面。"

爱无法解决所有问题，有些孤独，你要变为享受；有些黑暗，只能独自穿越。

婚姻里，我们终究学会带着问题一起生活。

03

18岁我异地求学，给自己定下铁律：每天要涂睫毛膏，冬天不许穿棉衣。

倔强女子的凌厉，化为一腔孤勇。

睫毛膏逼你不许哭，只要一哭就花妆，只要一花就死丑。

穿单衣逼你去独立，时刻提醒你没有任何可以依靠的东西。

人越是脆弱的时候，越能对自己下狠手。

但越往后走我越懂得，人生许多时候，是需要哭出来的。

24岁异地恋，中秋夜独自在医院挂水，空旷的输液室里，被实习护士连续两针扎穿血管之后，眼泪汹涌而出。

婚后调至青岛，周末与老公吵架，开车出来停在路边，翻遍手机找不到一个可以打的电话时，瞬间泪如雨下。

你要咽下那些无助的苦，熬过那些惨淡的夜，只能流泪，无须解释。

04

所以现在，我特别能理解，很多女人有时需要“哭一哭”的念头。

也许是身体疲惫，也许是灵魂寂寞，也许因某些沮丧、懊恼、失落。

那就哭一场啊，那种失落和无力，总要有一个出口释放。

那晚我心情郁结，在书桌上俯身饮泣。我知道这些时刻，必须容许自己脆弱。

半小时后我爬起来，洗净脸，在二十三点零八分万籁俱静的深夜厨房，拿个海参给自己做碗汤。

身心损耗，元气大伤，我总得补回来二两。

这便是熟女的好处。

哭肿了眼，就拿冰袋敷一刻钟；黯淡了脸，就化个更精致的妆。

总得伺候好这副皮囊，才有底气应对风雪严霜。

红尘颠簸人心浩荡，这是成人世界的专属寂寞。

他人眼里的春风扑面，是你自己的冰冷入骨。

谁不是一边燃一边丧，谁不是一边拼命努力一边又不想活了。

女人总觉男人薄情。男人总说女人寡义。

这尘世间，不过各有各的艰难，各有各的嗟叹。

选择什么样的生活，其实都是选择了一组问题。像蚌里进入的那粒沙子，日夜打磨。

选择什么样的婚姻，其实都是拥有了一头猛兽。你要学着将它收服，驯养，直至相安无事，出入成双。

作家黄佟佟曾说：“每个成年人，都是劫后余生。”

撑不下去的时候，痛快哭一场，喝点鸡汤暖身，打点鸡血续命。

征服欲望的方法，是满足它。

搞定焦虑的方法，是忘记它。

Hold住痛苦的方法，是接受它。

岁月长，衣衫凉。你只有走过之后才有资格回头看，当初痛哭过的深夜，原来恰好有月光。

所以，姑娘——

女人有什么天生励志，自己选的路，不是跪着走完，是凭一口仙气儿吊着走完。

睡一觉，明天又是一条好汉。

既知此生难周全，不如放胆。

不经历点鸡毛和狗血，你哪懂少女和熟女真正的区别

> 20岁，你的梦想是轰轰烈烈爱一场；
> 30岁，你明白没什么比好好睡一觉更重要。

01

与老闺蜜忆当年，她问我：“还记得大学毕业穷得吃土时，你的梦想是什么吗？”

我记不得了。

她替我答：“去超市购物不看价格，直接往筐里扔。”

想起来了。

对一个除了青春一无所有的姑娘来说，什么时候能让自己纵情买买买，就是所有能想到的、爱自己这件事的最高级。

十年之后，两个“35+”的女人相约去SPA。

闺蜜感慨：“你能想到吗？当初是相约一起去泡吧，现在改一起去泡澡了。”

是啊，我们重新定义“爱自己”的方式了。

有人曾问我：女人成熟后最大的变化是什么？

我想应该是：对自己更真实，看世界更客观。

我曾经一度打鸡血打得斗志昂扬，人生字典里充斥着努力奋斗、剑拔弩张。

只怪这个时代的女人太强了啊，从起初的“杀得了木马，翻得了围墙”，到后来的“开得起好车，买得起新房”。

每天打开手机，你会发现朋友圈里又多了几个励志榜样——

身为外企高管的女友，一天飞三个城市，还坚持在健身房挥汗如雨练就马甲线。

生了两个娃的闺蜜，最近猛啃教材备战注册会计师考试。

早已平步青云的同窗，周末雷打不动就读商学院MBA班。

辞职创业的学霸发小，公司已完成A轮融资。

而她们，还偏偏自己肤白貌美，夫妻甜蜜恩爱，娃娃乖巧聪明。

我无法不暗自沮丧，人家怎么有那么强的体力精力能力，我怎么带一个熊孩子就累到半死？

02

不成想几年后，我意外地也成了别人眼里的女超人。

情感作家、职场妈妈、公众号主理人，还要出书、做课程、各地签售，成为数十万读者心中的鸡血女王。

直到我被多次问道：“你是怎么做到多个角色转换的？你是如何平衡家庭与事业的？”

我突然想到，我曾经那些同样的疑问，现在已能自己给出答案。

平衡其实是个伪命题

同样的一天，你选择加班，就无法陪孩子逛公园。你选择旅行，就不能到学校继续充电。这世上哪有什么真正的平衡，说到底不过是选择。你希望得到什么，而愿意舍弃什么，从来就没有完美人生的标准选择。

那些看上去完美又超能的人，时间并未给予她们特殊垂怜，她们只是清楚自己要什么，然后割舍了另一些人生体验。她们只是比别人更知道，人生的每一个阶段，应该有不同的侧重点。

一个人的强大多面，必有另一个人的默默承担

我有精力、有时间，在工作之外，长年如一日地去坚持一项爱好，去运营一个自媒体平台，是因为有人替我承担了相当一部分职责。

我从来不做家务，不洗衣服不做饭。白天在公司忙一天，回到家就是陪孩子、写稿子。如果没有家人替我承担这一切，如果要我在下班后匆匆忙忙接孩子，买菜熬粥包饺子，吃完再收拾杯盘，洗一盆脏衣服臭袜子，隔三岔五应酬七姑八姨小舅子，我想我只会累得倒头睡去。

很现实，有人替你担起了柴米油盐的琐事，你才有机会去做自己喜欢的事。

所有时间管理都有先决条件

关于时间管理的话题我分享过很多次，但必须清楚的是，我们对人生的管理是座金字塔，时间管理只是其中一个层面。

时间管理的基础，是精力管理。而精力管理的基础，是健康管理。

没有健康做基石，没有精力做保障，时间管理做得再合理，也照样无法落地执行。

这就是为什么，我不再用无节制地买买买来爱自己了，我不再用熬夜喝酒通宵K歌来爱自己了。

所有一晌贪欢的方式，留给了昨日梦里不知身是客的少女。

03

如今我们面对的，是扑面而来的中年危机，是上有老下有小的负担和重任，是怀揣保温杯喝什么都想扔几粒枸杞的自嘲。

生活、婚姻、事业，都是一场长跑。曾经我们比速度，现在我们拼耐力。

暴饮暴食，醉酒淋雨，早都不适合现在的我了。

因为我知道，吃下去的垃圾食品卡路里，跑步机上都得还。

因为我知道，买醉次日的翻江倒海头晕目眩，一个周都代谢不完。

这便是熟女与少女的区别。

20岁，你的梦想是轰轰烈烈爱一场；30岁，你明白没什么比好好睡一觉更重要。

我们发自内心地，愿意去规划生活、培养习惯、管理健康了。

比如：

少吃油炸食品，拒绝垃圾快餐；

坚持运动，定期体检；

杜绝熬夜，保证充足睡眠。

渐渐地我看到，所有高效能人士，背后都是日复一日的坚持和自律。

当一个女人，走出少女的幻想虚妄，成为一个成熟的女性之后，就会清楚，生活不是一味打满鸡血往前冲。碧鬟红袖柳亸花娇，皆比不过丰沛的精力和健康的体格。

谁不是一边想冲动辞职，一边又拼命工作

> 人生没有平衡，只有选择。无论哪种选择，都值得被祝福。
> 只愿我们在自己的选择里，活出最好的自我。

01

某次儿子高烧不退，一度飙到41度。我无法上班，时间全都耗在医院里。

而那个时间段，又是公司测算考核数据、评定绩效奖金最集中最关键的几天。

我只好将我的本职工作委托给同事代劳，他帮我基本完成之后，我再在家中上QQ接收，做最后的审核确认。

小宝打完针后半靠在床头，弱弱地问我："妈妈，你还要去公司吗？"

我亲亲他的额头："不去了，妈妈争取在家完成工作，然后陪着你。"

他烧得蜡黄的小脸马上露出笑容。

次日上午陪他在医院挂水，老公负责陪他聊天、安抚情绪，我不停地出去接打电话，因为有个业务客户要方案，今天必须确认报价。

打完后，我走回输液大厅，儿童医院人满为患，输液连座位都找不到，很多人干脆在走廊铺张报纸，带着孩子席地而坐。

门口有个年轻妈妈，一手给孩子举着输液杆，一手握着电话，几乎带着哭腔说："我实在回不去，孩子肠炎拉得脱水了，他爸又出差不在家，我自己带着他在医院打吊瓶，麻烦你跟领导解释一下……"

她抬头的时候，我们四目相对，我朝她扬了扬嘴角，她向我微微点头。

那一刻，职场妈妈的痛，我们最懂。

02

我珍惜我的工作。

有人问过我，15年就职于同一家单位，你就从未有过跳槽或辞职的念头吗?

平心而论，有过。

但是，不是有猎头挖我的时候，不是我成为别人眼里的

“畅销书作家”的时候，不是在有人建议我放弃工作全职写作的时候。

我唯一有过冲动辞职的念头，就是在孩子生病需要我，我却不能在他身边的时候。

在出差特别多的前几年，我亏欠孩子很多。

我曾在他撕心裂肺的哭声里拉着行李箱夺门而去，我曾在趁他吃了退烧药睡得迷迷糊糊时悄悄溜走，我曾在他做完手术第二天就奔赴另一座城市重返工作岗位。

人生可以自主选择的时候，并不多。更多的时候，只能取舍。

我有一个同事，孩子从小体弱，特别容易高热惊厥。我经常会在早上收到她的请假短信：“不好意思，孩子昨晚又烧抽了，半夜进了医院，又得请个假。”

有时跟她聊天，会听她说，孩子在抽了几次之后，高热惊厥变成了热性惊厥，而孩子发烧有时又没有征兆，经常半夜突然烧起来，他们夫妻不知多少次在寒冬腊月里穿着薄睡衣光着脚，抱着孩子冲进急诊室抢救。

所以后来，孩子每次稍一发烧，她都不敢上班，不敢睡觉，眼都不眨地守着。

在我很多年的管理工作中，对孩子生病需要请假的女员工，我的原则一直都是，给予最大限度的包容和关照。

因为我太懂得那种心急如焚、心如刀割的痛苦。

因为我太了解那种如坐针毡、度秒如年的煎熬。

那一刻，我们都曾在脑中有过一个念头：“算了，辞职吧，孩子需要我。”

03

曾经好几次，有主办方邀请我在工作日参加活动，我都谢绝：“不了，我还得上班。”

有人不解：“你现在完全可以辞职啊。”

我只有在心里说：“最艰难的那几年都没辞，现在更不必了。”

尽管，曾经在孩子最爱生病的那几年，在那么多身不由己的时刻，我动摇过，挣扎过，但从时间长轴来看，毕竟这不是常态化，只是小概率事件。

我很清楚，我需要工作。工作对我更大的意义在于，它曾救我于水火。在产后抑郁的阶段，是工作，让我对自己重拾信心、寻回勇气。在自我质疑的低谷，是工作，让我重新与自己相爱，与世界找回联结。

工作于我，是一场救赎。

我爱那个全情投入、拼尽全力、杀伐决断的自己；

也爱那个精诚合作、运筹帷幄、勇往直前的自己。

工作于我，更是一场修行。它让我见自己，见天地，见众生。

被领导批过，被客户骂过，被同事误解过，被合作方坑骗过。酒局上逢迎过，谈判桌上凌厉过，离职面谈时绝情过。

它让我看清，职场、人生、爱情，本质都是如此相同——有那么多不得已，有那么多求不得。

但它更让我懂得，职场、人生、爱情，因果亦如此相同——去学习去磨炼、去成长去付出，你的收获远远大于失去。

认识一位45岁的姐姐，外企高管，今年夏天，她将女儿送去美国留学。女儿走后，她跳槽到另一家外企，工作更忙，压力更大。她对我说："到了我这个年龄，孩子远走高飞，夫妻左手握右手，你会越发觉得，能全情工作是一种多大的福分。"

04

我身边所有优秀的女性，在生活中是妻子，是母亲，但工作起来，是男人。

确切地说，我们在工作中学会了男性思维，拥有了理智冷静的品质，而这些，又反过来影响了我们，如何处理对女人来说最重要的情感与爱。

我很庆幸，我的孩子并没有给我太多负累，让我依然可能坚持工作。

我很感激，我的工作给予我无数次挑战自我、超越自我的机会。上司令我懂得敬畏，下属令我懂得宽容；客户让我学会妥协，同事让我学会合作；孩子让我温柔，工作令我坚韧。这一切，都如此值得感恩。

有人说，谁不是一边热爱生活，一边又不想活了呢。

妈妈们，谁不曾一边想冲动辞职，一边又无比珍惜工作呢。

人生没有平衡，只有选择。无论哪种选择，都值得被祝福。

只愿我们在自己的选择里，活出最好的自我。

放弃成长只谈风月，才是对自己最大的辜负

> 当你对爱情不再有执念，对男人不再有贪欲，
> 当你不再把结婚当救赎，而是让它们成为你这奋斗路上、
> 成长路上的一件捎带着完成的事儿，惊喜和收获往往就不期而至了。

01

妹子南南因为感情问题失落低迷，对我发牢骚：

"你这种老公孩子热炕头的中年妇女，能明白宿舍没暖气，室温比外面还低的时候，有个活物能当抱枕的感觉吗？能不能有点人间大爱啊！"

"你以为你顶个鸡窝头宅在家，就能等到型男热乎地送上门来吗？赶紧给我滚出来！"

我十分不厚道地把她逼出来，让她陪我去看房子。

"这户型挺好的，但装修太老了，你不是说孩子小不能重装吗？这种十年前的风格你怎么看得上？"南南问。

从小区走出来，我俩在邻街咖啡馆坐下。

她捧着一杯热巧懒洋洋：“反正我连首付也付不起，还是找个对象更实际。”

“我叫你出来，不是让你帮我参谋房子的。是想让你看看，买房子和找对象之间，其实有相似的道理。”

02

房子、爱情，哪一个是女人的刚需？

没有标准答案，只是各取所需。

一个月前，我看中了一个高端小区，户型好，装修新，但总价比我的预算高出一倍多。我和老公商量了一晚，决定放弃。

买房子考虑的关键因素是什么？是个人和家庭的首要需求。

如果是为孩子上学，那就重点考虑学区和落户。其他因素，不起决定性作用。

如果是为投资升值，那要首先考察市政规划、周边配套、增值潜力。别的都是次要。

如果是为改善居住，那要重点看面积户型、生活起居、交通出行是否便利。

如果只是图便宜，那只要没有产权纠纷，能住人就行。

如果你既要住得宽敞舒服，还要房子新、户型佳、楼层好、采光棒、装修高档交通方便，升值无限还得价格便宜，那只能注定是黄粱一梦了。

我放弃之前的高端小区，选择这一套普通住宅，是综合了孩子上学、居家度日、老人照顾、上班距离等各种因素，在心里打过综合分的。

南南白我一眼："我听懂了，你的意思就说我要求高，太挑剔，凑合凑合差不多就得了呗！"

不全是。

完美的情人不存在，就像完美的房子一样。

但如果你把短板理论套进去看看呢？

如果买房是我的刚需，最终起决定性作用的，是钱。

如果爱情是你的刚需，最终起决定性作用的，是你的资本。

多少女人被"不将就、不凑合"洗了脑，其实这种原则，是有前提的。

你当然可以活得内心强大，像宁静一样不屑："结婚干什么玩意儿？"

也可以像俞飞鸿一样淡然："我不结婚，但不代表我不幸福。"

但倘若你要啥没啥，只会恨嫁，天天质问，为什么你心中的男神还没驾着七彩祥云来迎娶你？

很简单，因为你不是他的女神啊。

你问怎么办呢？

我告诉你，先做自己的王，再考虑那些成神成仙儿的事。

并不是说有房子才配有爱情，更不是逼你在这高房价之下，打肿脸充胖子逼自己买房子。

而是，你要经营好自己，你自己的生活，就是你的王国。

你要开疆拓土，而不是让自己像失去土地的流民，等待另一个王来将你收容、将你救赎。

03

网上有人说：解忧是杜康，解惑是看房。

真的，当你去中介看看房价，就觉得没时间丧。

不只是房价等不起，比房价更等不起的，是你的勇气。

多少姑娘和南南一样，觉得人生不过就是这样了。无论怎么寻找，也遇不到想爱的人，也过不上想要的生活。

不是的。

我们都曾什么都想要，既要爱情又要面包，东奔西突，四下寻找，头破血流，一无所获。

到底什么时候能遇上真爱？也许就像买房子一样，当你主动规划蓝图，当你愿意为之奋斗，而不是指望傍上哪个男人直接拎包入住的时候。

买房是会呼吸的痛，恨嫁是最矫情的病。

当你对爱情不再有执念，对男人不再有贪欲，当你不再把结婚当救赎，而是让它们成为你这奋斗路上、成长路上的一件捎带着完成的事儿，惊喜和收获往往就不期而至了。

我们每个人，终究要走完必须走的路，吃过应该吃的苦，才能过上想要的生活。

你的无畏前行，你的野蛮生长，本身就有一种富有生命力的性感，充满生机勃勃的魅力，只有这种磁场，才能将那个更好的人带到你身旁，陪你喝深夜的酒，也为你盛清晨的粥。

那些放弃努力和自我的姑娘，只谈风月不谈成长，才是对自己最大的辜负啊。

桃心话

◇

01

讲述：

桃姐，我今年25岁，单身，我有一个很大的缺点，就是很在乎别人的评价。我现在工作的公司女同事很多，她们专爱拉帮结派对别人评头论足。我表面上装作不在乎，对这种言论很宽容，但其实心里很难受。比如我穿了一条新裙子，她们说不好看，其他人就都跟着说不好看，我第二天就没勇气穿了。我好恨自己这么懦弱。

看你的文章半年了，每次看到你那么通透强大，还有留言里的很多姐姐都那么强大，我好羡慕，真盼望快点到你们那么成熟的年纪，可以少在乎一些人和事。桃姐，我怎么做才能让自己强大起来呢？

回复：

我不会当一个所谓的人生导师去教你学会宽容大度，也不会隔靴搔痒地对你说走自己的路让别人说去吧。但我能给你一份深深的理解和共情。

我们都是普通人，都有各自的脆弱和无奈。生存于这世间，并无一处栖息地，可以让我们免遭非议与伤害。

可能在你眼里，我，以及许多桃蜜姐姐，看上去都特别强大，能把所有评判和眼光当个屁一样放掉，自己始终潇洒游走于红尘之上。其实不是的。

我们都是在受伤中不断舔舐伤口，流血愈合，然后学着一点点变得坚强。

就拿我自己来说，写作看上去是一件特别文雅体面的活吧，可实际上我不知道遭受过多少攻击。

很多事，你怎么做都不对。你回击，别人会说你没气度，斤斤计较。你解释，别人会说你心虚，越描越黑。你不理，有人说你默认被说中，无言以对。

我也曾为这些压力彻夜辗转不能眠，也曾万般委屈只能将眼泪往肚子里咽。

后来我反思自己，我没什么人设，更不需要什么偶像女神的光环，我只是一个肉眼凡胎七情六欲的普通人，用不着为了这份所谓的强大，硬充云淡风轻。

看了闹心的，那就不看。听了烦恼的，那就不听。

说这是逃避也好，是怯弱也罢，我都必须先照顾好自己的情绪。我们都不愿轻易伤人，但更不愿随意被别人所伤。所以不必端，不必装，不必硬撑，该吐槽就吐槽，该泄压就泄压，用不着别人高屋建瓴地指导我们该如何以德报怨当圣贤。

亲爱的，真正的强大，不是真的无坚不摧百毒不侵，我们不是佛也不是神，得允许自己不强大，允许自己受伤、生气和难过。因为我们是一个真实的人，一个有缺点、不完美，但有血有肉有感情的人。

所以，强大的第一步，是接纳那些负面情绪，放下自我攻击，而不是逼迫自己，憎恨自己。

你心里住着另一个自己，那是你内在的小孩，你尝试着跟她对话。别人说你的裙子不好看，你可以问问她，她觉得好不好看，喜不喜欢。如果她喜欢，你就继续穿。你始终和内心的自己在一起，让她欢喜。

如果同事有更过份的言辞，也可以直接怼回去，不去为难自己，不必硬撑大度。

要记得，你又不是人民币，没法让所有人都喜欢你。

我们都是在受伤中学会长大，无惧他人的前提，是放过自己。

有边界，也有韧性，有善良，也有锋芒。

02

讲述：

桃姐，您好！关注您的公众号有一年多了，也买了两本书。您的文章我非常喜欢，常常能引起共鸣。最近我有些事感到非常困惑，想请教您，不知您是否会回复？

我有两个小孩，一个四周岁三个月，另一个九个月。之前有份轻松的工作，时间相对自由，年底的时候我找了份要固定时间上班的工作，压力肯定比之前大，薪资也比之前好。可是这遭到全家人的反对，说小孩还小，会依赖妈妈，叫我在原先的地方再待一年。但是我真的不想再待，家里开支也大。我是觉得入不敷出了，所以才去找工作，本身就没多少存款。我老公前几年都在还账，去年刚还完。而且他近几年薪资是不会涨了。我现在比较纠结，一方面想照顾好小孩，一方面又想把工作做好。不知道爱玲姐能否给个建议，谢谢您！

回复：

我一直是主张活在当下的。人应该现实一点。

正常来说，孩子九个月，的确是需要妈妈的阶段。如果妈妈能身心愉悦地陪伴，当然更好。

但现在全家四张嘴，吃喝拉撒都得用钱，倘若经济都入不敷出了，那首要任务当然是先赚钱。孩子都养不起的话，还谈什么陪伴。

我不知道你说的“全家人反对”，都包括哪些全家人。

最重要的，始终是你自己。

如果换工作，是否做好了承担双重压力和家人不理解的准备？不换工作，是否能接受拮据的生活做一个悦纳的母亲？

人的本能都是趋利避害。对当下最有利的选择，就是正确的选择。

03

讲述：

桃姐，我原来是上海外企白领，年薪不错，后来和在北京工作的老公结婚，辞职怀孕生娃。我性格比较强势，但是老公很包容。后来怀孕生孩子在老家带孩子，一直到孩子三岁，准备回上海和老公一起奋斗……然后我被离婚了。我甚至不知道是否有小三，总之期间被冷暴力，没有电话、视频，总是吵架。我精神抑郁很久，前后看了很久心理医生。现在想回到上海工作，从头开始，但是孩子目前没办法带在身边，经济压力大。如果在老家，工作没什么钱，压力也比较大，但是可以陪在女儿身边。我其实很想和老公复婚，所以选择就业很纠结。

回复：

只能先帮你理理思路：

原本优渥光鲜的外企白领，因为结婚生子成为全职主妇，然后被离婚，历经人生低谷，现在面临工作地域与孩子陪伴之间的矛盾，生活艰难，未来茫然，又想复婚了……

这世上，有人稀里糊涂结婚，又稀里糊涂离婚。

而你稀里糊涂离婚，不能再稀里糊涂复婚啊！

离婚对一个人最大的伤害是什么？

其实对现实生活，不外乎是财产和孩子。更大的创痛往往在于内心。

被动离婚，让人产生挫败感，进而导致价值观的改变和自信心的坍塌。

你现在最需要做的，是在离婚的废墟上站起来。

在上海，能进入外企并取得不错的年薪，已经证明你的基础和实力。后来做全职妈妈的三年，割断了你与职场的联结，而后婚姻的变故，将你的自信消耗殆尽。你拖着孩子，经济拮据，身心俱疲。

人在这个时候，总想抓住点什么，所以你才会想复婚。

我理解你。像一个人独自穿越山洞，即使她知道走过去就亮了，但仍不知道要在这黑暗里走多久，仍会恐慌。

我不建议你在这种状态下复婚，也不建议你在这种状态下开始一段新的婚姻。

至于去上海还是在老家工作，我的观点是：哪个选择更有助于帮你摆脱阴郁状态，重回积极上进，就选哪个。

困难是暂时的，和孩子分离也是暂时的。

就像离婚一样，它不是悲剧，它只是在结束一场悲剧。

要想清楚，自己想要什么，想过什么样的生活，然后坚定无畏地去努力，去赚钱，给自己和孩子更好的生活。

你终将要一个人穿越黑暗，走向成长和蜕变。

04

讲述：

桃花姐你好！我最近遇到了很烦心的事情。别人评价我都是人品不错，为人不错，处事不错，直来直去的性格，不藏着掖着，就属于马大哈的那个类型。但我很不明白，我为什么交不到很好的朋友，不管男生女生，在相处一段时间后，别人都成了好朋友，唯独把我排除在外。我很奇怪，要说惹人了吧，我反复思量，也没有，可事情就是这样，我也不知道该怎么处理了！请您在百忙之中抽时间帮帮我。

回复：

性子直，马大哈，说话有口无心。你觉得这是自己的个性，其实恰是人际交往中的雷区。

真性情没问题，但毫不顾及他人感受，完全不把握关系中的分寸，这种真性情是真不讨喜。

上点情商课，先学会如何说话，这是技术也是修养。

有句话叫“没有韩红的命，却得了韩红的病”。

对你只能说：“没有王菲的实力，就别学人家的性情。”

05

讲述：

我在准备考研，但男友提出分手，让我情绪很崩溃。他的理由是我不是他喜欢的类型，他需要找个持家的，因为他和他爸爸都需要人照顾，而我不擅长干家务。难道现在男人娶老婆都是为了贤惠做家务吗?

回复：

你考你的研究生，他回他的大清，没毛病。

PART 2

熬过虚无与暗夜，终有爱与恩慈

◇

正是因为经受磨难和历练，

我们才更有勇气，

站在自我独立的选择里，

让荆棘开出花。

爱是信仰，婚姻是容器

> 只有拥有了灵魂上的相互滋养和彼此扶持，
> 我们才愿意忽略那些无法言说的辛酸龃龉，
> 才愿意忍耐那些永远洗不完的碗碟和臭袜子。

01

一日早饭时老公突然问：“你最近怎么不用我送你上班了？”

我直言不讳：“因为你不如专车好使。说不得骂不得，催你快点你嫌烦，让你等会儿你又不耐烦。跟专车司机比，你成功被KO。”

他白了我一眼，撇着嘴走开。

愿不愿意听，事实都是这么回事啊！

我打个专车，干净体面的师傅会早早等在指定地点，迟到半秒都道歉，多等十分钟也不嫌烦，永远温度适宜，永远微笑服务，遇堵车就绕行，赶时间就加速，帮开车门，帮提行李，单就这几点，完胜自家老司机。

我们生活在一个前所未有的便捷又舒适的时代。只要手机有电，只要钱包有钱，几乎就能解决所有生活问题。

我越来越理解，为什么如此多的姑娘不愿意结婚。

我越来越明白，为什么越是“三高”女性越对婚姻挑剔。

每个人，都可以凭借努力过上自己想要的、更好的生活——

旅行有定制，出门有专车；

做家务有保洁，修马桶有物业；

饭店满足口味，酒店宾至如归；

一张机票，让你天南海北看世界；

一部电话，任你365天宅在家。

这种日子简直不要太爽。

02

而婚姻能给我们什么？

生活的稳定？一纸婚书，说作废就作废。

内心的安全？人心凉薄，说情变就情变。

论收入，谁比谁少挣钱？

说分担，谁比谁更清闲？

传统婚姻带来的实惠，在这个时代，大多都可以通过购买服务来实现。所以，当网上“老公月交11万不回家”的帖子一出，女人们都羡慕炸了。

这个社会，太多人已经具备了自我意识和独立精神，却仍陷在旧式婚姻的模式里。

而现代婚姻应有的尊重包容与分工合作，真正在现实中又太少。

钱锺书先生曾说：“婚姻是一座围城，城外的人想进去，城里的人想出来。”

可现在我们看到更多的是，有人在外面打死不想进去，有人在里面拼命也要出来。

我们不再渴望婚姻了。

我们不再珍视婚姻了。

因为这个时代带来的便利，足以满足我们的全方位需求，而我们最想要的精神需求和灵魂滋养，婚姻给的远远不够。

不光是女人，男人也不愿意结婚了。

从他们的角度看，女人太麻烦：要哄，要宠，要陪逛街，要送礼物，费了半天劲还未必能哄好。

那婚姻的意义到底是什么呢？

如果，在一段婚姻里，只想满足自己的需求，让对方为自己服务，那我们就都背负上了一宗罪——婚内不作为。

网上有个段子——

一男人得意扬扬发贴炫耀：我老婆，能自己在家睡，自己去逛街，自己去旅游，自己做饭，自己产检，自己带小孩，你们敢在她面前自称女汉子？

有人回复：在我们村，一般管这叫寡妇。

不分担、不作为，从来都不值得炫耀，而是婚姻最大的悲哀。

每一段感情的维系，都不是靠单方面的付出。

每一场婚姻的经营，绝不是靠一个人的努力。

03

去年夏天，全家去内蒙旅行探亲。

回老公的出生地，那个他生活到14岁才离开的边陲小镇。

到达之后，就是一路开吃。三姑四婶七叔八姨排得满满当当，中午去这家吃牛排火锅，晚上去另一家安排的奶茶蒙餐，今天舅妈包了酸菜饺子，明天二姐又定了烤全羊。奶茶热气腾腾，高度白酒一瓶又一瓶。

听他们聊起陈年往事，说起亲戚家的亲戚，一长串我从未听过的名字。

我们牵着儿子的手，一起走在家乡小路上，给他指看爸爸上过的小学，奶奶工作过的医院。

路过旧车站，听他讲当年，为了让他接受更好的教育，婆婆是如何忍着不舍流着泪，将14岁的他，送上了离乡的绿皮火车。

我们一起去爬山，爬上老公小时候春游的山头，听他讲他的发小和玩伴。

在山顶，我俯瞰这座风景秀丽人情淳朴的小镇，十几年前，它与我毫无关系。

我突然明白了婚姻更深层次的意义。

它让我们，愿意与另一个人，发生影响生命的深度联结。

它让我们，愿意去了解各自的过去，珍视彼此的现在。

它给我们真正的意义，是互相需要，是彼此依赖，是渴望共同的、更好的未来。

这份深刻的联结，无论再细致的保姆、再专业的司机、再出色的厨师，都无法给予。

婚姻，从旧时的“一拜天地，二拜高堂”，到现在的快餐时代，只有拥有了灵魂上的相互滋养和彼此扶持，我们才愿意忽略那些无法言说的辛酸龃龉，才愿意忍耐那些永远洗不完的碗碟和臭袜子。

而所有走不下去的婚姻，都不外乎是因为“我只有委屈，没有快乐，我不再需要你”。

终其一生，我们都在红尘中踽踽独行。爱是信仰，婚姻是容器。

愿婚姻里的人，多一分虔诚与敬重，珍惜那些懂得与慈悲。

愿被伤害过的人，熬过虚无与暗夜，终有爱、光与恩慈。

那日读到一首不知名的诗，分享给在寻爱的、被伤过的，或正在爱里的你们：

这世间一切纠缠
使我光润如蛇
增长了我盘桓于荆棘而不伤的能耐
它使我冰冷如石
纵有海啸亦不能粉身碎骨
世事的荒谬导致我千年不坏的灵魂
为它写下情书
不是虚表假意的表白
是刀钻斧砍的教诲

好的婚姻，靠的不只是“贤惠”

> 那些有爱、有自我、有人格魅力的女人，
> 不是靠隐忍去维系婚姻，不是用牺牲去留住男人，她们本身就鲜活迷人。

01

听了两个故事。

A太太十二年前随丈夫从农村到城市打拼，十几年里吃过苦受过罪，好不容易拼到他们的小厂子有了突飞猛进的发展，产值连年翻番。一夜暴富的丈夫开始不务正业日夜嗜赌，眼看苦心经营步入正轨的一切又将被男人赔进赌场，她依然笃信“男人是天”，每月专门留出款项供其挥霍，只为丈夫豪赌归来赞她一句“贤惠”。

另一位朋友是妇科医生，曾接诊过一个女患者，长年患妇科炎症，反复感染无法根除。医生明确告知患者，这种情况一定要注意卫生。

女患者终于吞吞吐吐解释，丈夫长年外遇，对象不只一人，导致她被交叉感染。

她曾恳求丈夫洁身自好，男人却斥责她不够“贤惠”：“怎么就你有问题，别人怎么就没事呢？”

不得不说，我第一次听到“贤惠”这个词被黑得这么惨。

02

什么是贤惠？

百度解释为：指妇女有德行，态度和气，善良温柔而通情达理。

而到了现实里，不同的人有了不同的解读。

传统观念认同的贤惠是勤俭持家，恪守妇道，洗衣做饭样样都会。

旧式婆婆眼中的贤惠是听话，懂事，生儿子；吃苦，耐劳，毛病少。

直男癌理解的贤惠是不吵不闹，家务全包，你在家中红旗不倒，我在外面彩旗飘飘。

魔鬼辞典的解释是闲在家里，什么都不会。

如果非要选择，我宁可接受最后一条的讽刺，也不接受前三条的赞美。

曾经，旧式女子的贤惠，是侍奉公婆的克己守礼，是日夜劳作的忍辱负重，是养儿育女的奉献牺牲，还要有接纳丈夫三妻四妾的大度宽宏。

如梅兰芳的原配夫人王明华。

18岁嫁给尚未成名的梅兰芳，先后生下一子一女，成为梅兰芳的贤内助。

他的演出服装、头饰假发，所有内务皆由她打理。他们曾是一对相敬如宾、互助互爱的模范眷侣。

不幸几年后，一对子女相继夭折，王明华因过度悲痛患上肺结核。

为续家族香火，梅兰芳续娶福芝芳。

而福芝芳亦是恪守传统女子的贤良淑德，生下孩子后，第一时间交由奶妈抱给王明华。王明华亦深明大义，满月后即将孩子送回，并亲自为孩子做了衣物鞋帽。

她怕将病传染家人，主动提出离家，至天津医院长住。

1926年梅兰芳迎娶孟小冬之前，特意带一行人至天津，欲请王明华做媒。

她欣然应允，当场将自己的戒指戴到孟小冬手上。众人皆为她贤惠开明所动。

王明华自始至终，孤身在天津养病，直至病逝。

子女夭折，病痛缠身，丈夫新欢一任接一任。她心中是否有过痛？

识大体，明大义，端庄持重，克己奉礼，是旧式女子的生存法则。

即使泼辣强悍如王熙凤，依然要故作贤良佯作亲密迎回尤二姐：“我今来求姐姐进去和我一样同居同处，同分同例，同侍公婆，同谏丈夫。喜则同喜，悲则同悲，情似亲妹，和比骨肉……”

男权时代背景下，她们并无多少选择。

03

贤惠本身不是贬义。

现代女性的独立自强，也不是一定要跟贤惠死磕作对。

只是，作为一个新时代女性，还要用旧时代的贤惠去绑架自己，压抑、降低自尊，自我贬损。很遗憾，这便是洪晃说的：“中国女人倒霉，全是‘贤惠’闹的。”

贤惠这个词，历久弥新后完全可以有更宽泛的定义和更开阔的格局。

何为贤？有德行，多才能。

何为惠？心慈，仁爱。

如果当下的贤惠，如百度释义——德行贵重，温良和善，通情达理。

那么，这不只是对女人的要求，男人也需要具备。

如果当下的贤惠，是直男癌标准——做家务，带孩子，忍辱负重奉献牺牲。

很抱歉，我们不接受它作为现代女性的标配。

生活压力重重，前路道阻且长。

我愿把精力体力，用在与伴侣共同建造婚姻大厦，温暖家园。

我愿把脑力心力，用在与爱人共同抵御尘世雨雪，危机风险。

但是，请别把刷不完的碗碟、洗不完的脏衣、无休止的家务、无限度的包容、无自尊的忍让，视作天经地义、理所应当。

比起旧式婚姻要求的“贤惠”，女人更愿意赚钱和变美。

做妻子，我们与男人并肩前行。

当妈妈，我们为孩子树立榜样。

另外我还貌美如花，让全家赏心悦目光耀门楣了呢。

家和万事兴，靠的是共同经营，而不是女人的单方牺牲。

我也喜欢那些在厨房热热闹闹烟火气的女人，但我更相信，那是她们发自内心地热爱，而不是为讨对方一句首肯，悲悲切切囿于三尺灶台，绞尽脑汁地蒸闷炖煮。

那些有爱、有自我、有人格魅力的女人，不是靠隐忍去维系婚姻，不是用牺牲去留住男人，她们本身就鲜活迷人。

男人别拿“贤惠”绑架女人，女人别拿“贤惠”禁锢自己。

好的婚姻，靠的从来不是旧式的贤惠，而是双方的智慧。还有两个人给予彼此的那些千金不换的情义、温厚如水的慈悲。

玻璃心是最辛苦的矫情

> 学会做一个聪明女人，既不咄咄逼人，也不白白受气，
> 建立自己的原则、边界，学会沟通的艺术、相处的技巧。

有人总结中国式婚姻：流水的夫妻情义，铁打的婆媳问题。

夫妻问题有很多种：三观不合、出轨外遇、感情寡淡、貌合神离……

而婆媳矛盾却都如出一辙：婆说婆有理，媳说媳叫屈。

在我接触到的所有关于婆媳问题的咨询和倾诉中，原本夫妻感情不错，最后硬生生被婆婆逼到离婚的案例，一抓一大把。

婆与媳，表面是两个女人的战争，本质上是两个女人围绕一个男人的较量。

不得不说，在当下，婆婆难当，媳妇难做。

01

有次我带儿子上游泳课，遇上一位五十多岁的阿姨要找

私教学游泳。我说："阿姨你这年岁坚持健身，真值得年轻人学习。"

她说："什么啊，我是怕以后儿媳妇问我儿子，我和她同时掉水里该救谁，我儿子就能直接告诉人家，我妈会游泳，放心吧！"

唉，这现实，把我们这些要当婆婆的都逼成啥样了。

昨晚我对老公说："我要重新制定下半生的学习目标了。"

"啥？"

"如何当个好婆婆。"

他不以为然。

他这种单细胞生物哪会懂，做一个未来婆婆有多难。

若将来儿媳妇生孩子，你建议人家剖还是顺?

你要说剖，会有人说："哼，就顾着让孩子快出来，不惜让儿媳妇挨一刀。"

你要说顺，会有人说："肯定是觉得顺产对孩子好，还比剖腹产省钱吧。"

唉，这婆婆太难当了。

我一番深思，总结出未来当好一个婆婆必须具备的两点：明理+有钱。

首先是明事理，有分寸。

别去人家的小家里掺和，别去亲家面前叨叨些没用的，别要求儿媳妇拿自己当亲妈。婚礼办不办，孩子生不生，以小两口的意见为主，我充其量参与个意见，要是人家打定了主意，我一个屁都不多放。

跟儿媳妇保持距离，客客气气就挺好，看不惯的就不看，听不惯的就少听，自己该干吗干吗，别要求别人都按自己的想法做事。

其次是有钱，舍得花。

能大方给钱，就少落埋怨。

少计较，少算计，能用钱解决的婆媳问题，都是送分题。

别上赶着给人家买东西，你喜欢的人家未必稀罕，想表达心意，给钱就好，人家喜欢啥自己去买啥。明理的婆婆不越界，出钱的婆婆不叽歪。

想完这些，我顿觉天开地阔，神清气爽。

02

我发现，婆媳话题有一个规律，女人基本都会自动分为两大派系——

没被婆媳问题深深伤害过的，基本都认同“包容体谅、将心比心”。

在婆媳关系里受过伤流过泪寒过心的，基本都是“枯藤老树昏鸦，别拿婆婆当妈”。

实际上，遇上了开明婆婆的女人，绝对不只是幸运，必有自己的眼光和实力。

摊上了极品奇葩的婆婆，也不能一味抱怨，毕竟是你亲自结的婚，亲自挑的男人。

在婆媳关系中，我不主张一味包容忍让，无论哪一方是傻白甜、软柿子，不设界限、不懂反抗，通常都没什么好下场。

我也不赞同飞扬跋扈、事事较量，非要一方降伏一方，非要踩到对方头上，狗血大战日日上演，日子永远不得安宁。

婆媳关系是每个家庭最难念的一本经，但它的本质就是人际关系的一种。只是因为夹了一个男人，才变得格外错综复杂。

如果这个男人成熟，情商高，他就能成为最好的平衡器和润滑油。

如果这个男人幼稚，情商低，他就只能成为导火线和罪魁祸首。

所以，解决婆媳问题，有三种策略。

上策是调教男人，让他出面解决。

中策是自己出马，亲自上场解决。

下策是消极抱怨，谁都不去解决。

曾有人质问过我：“你的文章为什么总让女人提升、改进，男人凭什么就可以不求上进？”

不是男人就该不求上进，而是，在一个家庭之中，决定幸福指数的通常是女人，对情感关系、对婚姻品质要求更高的也是女人。

我想这也是当下男人和女人最大的区别，女人总是为了提升幸福指数而主动学习、努力。

而你问问男人呢，通常只会说一句：“那是我妈啊，我有啥办法。”

03

年轻时，你当媳妇，若能搞得定婆婆，绝对所向无敌。

年老时，你当婆婆，若能搞得定媳妇，绝对老当益壮。

所以，我很负责任地告诉你，鸡汤喝再多也是没用的。

解决问题，需要策略、情商、技法，一手感情牌，一手理智剑。

每当看到有人苦口婆心地说“要感谢婆婆，毕竟她生养了你老公”之类的话，我真心觉得好笑。

这个男人是不是我老公，人家婆婆都会好好养，毕竟那是人家亲儿子，又不是专门给我养的。

还有人三番五次强调：“我们把女儿养这么大不容易……”那我们儿子也不是大风刮来的，不是海潮涌上来的啊！

养儿养女，谁家父母不都是一把屎一把尿，一步步走一口口喂吗？

婆婆不是对头，媳妇不是死敌。

就算不能亲如母女，也不必成为仇人。

学会做一个聪明女人，既不咄咄逼人，也不白白受气，建立自己的原则、边界，学会沟通的艺术、相处的技巧。

夫妻关系才是家庭幸福的基石。与其死磕婆婆，不如调教老公。夫妻感情好了，让老公成为自己的盟军，婆媳难题自然迎刃而解。

知己知彼，投其所好，该嘴甜的时候嘴甜，该严肃的时候严肃，有分寸，有界限。

玻璃心是最辛苦的矫情。当你将它狠狠抛弃，让自己成为一个内心强大的女人，那些冷嘲热讽的口气、吃醋拈酸的表情、绵里藏针的伎俩，就再也没有杀伤力。

一个聪慧的女人，不会让自己在婆媳关系里一味委屈，更不会让自己始终陷在狗血剧里。

不必非要做完美妈妈

> 我们都在努力修行中，
> 你是女人又不是圣人，你是当妈又不是成仙。

01

接受一个采访，记者小妹非常严谨认真，在确认完所有问题后，她说："我还想补充一个问题……"

我说："你是不是想问'你是怎么平衡事业家庭和自我的'？"

她点头："是呢是呢！"

你看，同样的问题男人就不会被问。就如同，不会有人对他们说："你要好好努力多赚钱，否则拴不住女人的心。""你要学习沟通自我成长啊，不然老婆很容易出轨的。""你看看你这秃头黄牙啤酒肚，再不健身要被抛弃的。"

想起杨澜说过："成功的男性基本上不需要回答这个问题，就好像他们如果忽略了家庭的责任和天伦之乐是理所应当的，而女人如果没有把家庭照顾好就别来谈事业。这种潜台词代表着一种不平等。”

我们生活在一个妈妈是超人的时代。好妈妈的标准，被各种励志贴概括为一条神总结：

自己是辣妈，儿女是学霸；

脸上芙蓉面，腰上马甲线；

教得好猪队友，hold得住熊孩子。

与老公恩爱甜蜜，跟婆婆亲如母女；

烘焙绘画乐高书法，美容化妆时尚瑜伽；

养娃赚钱两不误，家庭事业同时抓！

如果你哪一点没做到，就会有人拿辣妈专访和明星报道甩给你：“看看人家！”

02

我对采访小妹坦诚相告：“根本平衡不了，一样鸡飞狗跳。”

她不信：“可你做得很完美啊。”

呵呵，到我这个年纪，经历了生活的一地鸡毛之后，对所有看上去“完美”的东西都保持距离。

我一年给孩子做不了三顿饭，我从来不洗衣服不做家务，工作日我每天最多陪他玩两小时。

瘦，是因为我有天生吃不胖的基因，而不是像超模一样顿顿吃草天天卷腹。

美，是因为有人帮我哄着孩子，我能每周末去一次美容院保养这张老脸。

有空写作，是因为一切家务都有人替我承担，我六年没进厨房没刷过一次碗。

坚持工作，是因为我深知自己缺少耐心，烦躁易怒，当不好全职妈妈，不如滚去赚钱。

知道了这些，你还觉得完美吗？

那妹子怔了半天说不出话。

曾有人提醒我："别总瞎说大实话，该端着的时候要端着。"

我端啥呢？

一个普通女人，干吗非要硬充女神。

一个平凡妈妈，何苦逼自己当超人。

抑郁，焦虑，忧心，崩溃，在我身上一样不落地轮番上演过。

奶水不足，我自责，不能给孩子提供充足健康的口粮。

工作出差，我内疚，不能在最重要的时期给他陪伴。

夫妻吵架，我愧悔，不能给孩子相亲相爱温暖和睦的氛围。

这一切似乎都是我这个妈的错，负罪感一直伴随了我好几年。

直到一路摸爬滚打过来后，我发现，我们都曾经被“完美”绑架。

人家孩子白白胖胖，你家娃体重不达标——妈妈养得不好！

人家孩子能说会道，你家娃内向腼腆——妈妈陪得太少！

人家孩子能歌善舞，你家娃ABC123刚学会——妈妈教得太糟！

好像这一切，都是妈妈不够优秀导致的。谁规定，当妈的女人就得身兼育婴师、教育专家、营养学家、医生、护士、心理学家十项全能？

03

美国哺乳期妈妈安娜·杨一边跑马拉松一边挤奶。

日本医生吉田穗波生五个孩子上着班顺便考了个哈佛。

英国运动员杰西卡·恩尼斯产后三个月即恢复训练，一举拿下世锦赛七项全能冠军。

澳大利亚参议员拉里萨·沃特斯怀抱亚丽亚·乔伊，一边开议会一边为两个月的宝宝哺乳。

现在让我看这些，我一点都不羡慕。

我的身体要休养，我的肝脏要排毒。

甘愿认怂，硬撑不起。

英国儿童心理学家唐纳德·温尼科特提出一个概念：Good-enough Mother，即：足够好的妈妈。

什么是足够好的妈妈？

糟糕的妈妈，是对孩子的需求置之不理，或置孩子于危险境地仍不理会；完美的妈妈，是满足孩子需求后仍然不放手、过于放大危险，不能让孩子承受任何挫折；而足够好的妈妈，会让孩子体验失望和挫折，在保护和放任之间留有恰好的空隙，给予孩子信任和勇气。

心理学家曾奇峰老师说过："一个足够好的母亲，就是一个60分的母亲。"

我们生怕自己成为一个糟糕的妈妈，所以拼命成为完美的妈妈。其实当妈这事，60分就可以了。

没有谁能给孩子完美的爱，我们自己本身就是不完美的。

所以——

胖点就胖点，适度运动，保持健康，没有规定练不出马甲线就不配当妈。

上班就上班，全职就全职，选哪一样，都接受无法兼顾的事实。

钢琴画画舞蹈奥数，喜欢就一起学，不喜欢就别勉强，毕竟你当年也不是什么学霸，一把年纪就别逼自己了。

偶尔管不住脾气，吼就吼了，真心给娃道个歉，我们都在努力修行中，你是女人又不是圣人，你是当妈又不是成仙。

不随便指责他人，也不轻易攻击自己。宽容别人的前提，是接纳和善待自己。

偶尔抓狂，偶尔崩溃，都正常。永远没情绪没脾气的妈妈，那是拉菲尔的圣母画像。

完美这东西，就跟伟大一样，是没有标准的。不是非要跟牺牲画上等号才行。

一个人真正的强大，首先是放弃执念，接纳缺憾；不攀比，不艳羡；接受当下，享受当下。

让你去养猪都未必能养好，更何况是养个娃呢？

想明白这些，你就可以自作主张原谅自己了。

再平淡的爱，都不应该是冷冰冰的伤害

> 面对蓄意而为的冷暴力，你只有不怕离开，不怕失去，
> 才不会在施虐者的冷漠和自私中苦苦消耗自己，为难自己，折损自己。

01

认识小麦是在十几年前。

当时我俩在同一栋写字楼上班，住处离得也很近，上下班经常顺路。

年龄相仿的女孩子，很容易就搭上话。结识之后才发现，我俩竟然还有更大的共同点——都是异地恋，并且男友都在青岛。

这让我俩一下子熟络起来。

小麦在房产交易中心工作，属于没有编制的合同工，挣的那点工资，全贡献给了交通事业。

每个周末，她坐6：30最早的大巴，颠簸4小时车程到青岛会情郎。周日晚上，再坐17：40最晚一班车返回威海，周一正常上班。

每个周五，我几乎都能收到她准时的短信：这周去青岛吗？要不要一起买票？

她像一只不辞劳苦的蜜蜂，飞在青岛威海两个城市间，想采遍爱情花朵里所有的甜。

直到一天夜里，她哭丧着脸来到我的住处。

辛勤的小蜜蜂，憔悴得像只枯叶蝶。

她说，她已苦撑三个月，不知道该怎么走下去。

见面没有激情拥抱。

夜里没有旖旎缠绵。

离开没有依依不舍。

她跨越两百多公里飞奔而去，男友留给她一张戴着耳机打游戏的背景，剩她独自辗转，独自沦陷。

她想聊天，他回避闪躲。

她想亲昵，他推脱累了。

要分手吗？他说不是。别的什么也不说。

不爱了吗？他不承认。只是什么也不做。

小麦彻底懵了，六神无主，日夜难安。

二十出头的姑娘，未尝人性的复杂。爱情遭遇困境，只会蒙头痛哭，一遍遍地追问自己“为什么”。

在我看来，就是不爱了。

可若真是变心了，就该直接提分手啊。

“但他并没说啊，我觉得我们是因为离得太远才这样的，我还是应该去青岛早点结婚。”

那时的我，对自己的异地恋情也茫然着，不确定小麦的问题出在哪里。

她最终义无反顾地辞职去了青岛。

可我始终没有得到她的婚讯。

02

许多年后，某次朋友招呼饭局。范围很小，只有相熟的四个朋友。

一哥们儿在酒后，对我们坦白了多年前的一段婚外情。

那时他三十五岁，平步青云意气风发。有姑娘对他一见倾心。

罗敷无夫，使君有妇。

可青春貌美娇艳欲滴的少女、炽热灼烧不求回报的纯爱，谁不喜欢呢?

他身体虽未有实质性行动，但心还是动了。

欲望是经不起比对的。

回到家，对着那个平淡发妻，再也无法心甘。

于是烦躁，冷漠。终日一张冷脸。

不亲昵。不交流。不理会。

发妻无辜，不明所以，委屈落泪，他以变本加厉的沉默以对。

直至发妻心冷如灰，提出离婚。

他暗喜，终于如愿，重获自由身。

离婚后，他与那姑娘甜齁齁地腻歪了一段时间。最终激情消退，一拍两散，并未抱得美人归。

两年后，他娶了一个普通的离异女人。因为那女人身上，有他前妻的影子。

他干了满满一大杯红酒："当初真的挺不是东西，为了逼老婆提离婚，就故意那么冷冰冰地对她，她哭，她生病，死活我都不理。"

我突然明白了，多年前我一直没搞懂的小麦男友。

03

如果给情感历程画一条曲线，男人和女人在激情期过后，就是截然不同的两种走向。

女人普遍缺乏安全感，感情付出到一定程度，就渴望婚姻的承诺和保障。

在情感关系里，急于上床的，一般都是男人。

而渴望结婚的，往往都是女人。

就像当年二十多岁的小麦。她全情投入，一厢情愿，一心结婚，丝毫没有意识到危机。

男友的冷淡和疏离，看似无意，其实是在向她传达一个明确的信息——我已经不爱你了。

不爱就不爱，为什么不能明说呢?

不明说，是因为他不想背这个锅。

他还想伪装成一个好人，让对方主动来提。如此，他就能堂而皇之地给自己解脱：是你主动要分手的，可不是我说的。

甚至，还要做出受伤状、不舍状、无奈状，扮演一个被抛弃的无辜受害者。

没错，是她先提分手的，但是谁先想分手的?

04

而已婚男人长久的沉默和冷漠，更不要轻易以为，只是长久相对无话可说。

很多时候，那是一种赤裸裸的冷暴力。

那个离婚哥们儿迟来的忏悔，徒留唏嘘。

我心疼他的前妻。

身为女人，她熬过多少被泪水浸泡的漫漫长夜。

作为妻子，她忍过多少被苛待冷落漠视的时刻。

她一定也曾做过努力，尝试沟通，学习主动。

或许她还曾自我质疑，是否因自己不够好不够美不够温柔，才让男人这般无趣。

可是男人关闭了所有通道，袖手旁观，事不关己。

她无论如何努力，只换得自己一声叹息。

男人逼女人主动放手，最绝情的套路其实是这招。

他不争吵，不打骂，任你哭，任你闹，任你委屈，任你绝望，就是不接招。

和那些动辄家暴、张口闭口让你去死的粗鲁男人相比，他们甚至赢得了名声，博取了加分——男人不吵不闹脾气好，女人你还矫情什么？

别以为不动粗就是好男人。女人一定要明白——

热暴力是肉体的伤害。

冷暴力是精神的凌迟。

这是家暴的另一种表现形式，它比争吵，甚至比出轨更伤人。

严格地说，这是一种精神虐待。

05

法国心理学著作《冷暴力》一书中指出：

“不肯为婚姻失败承担责任，是触发精神虐待的原因。施虐者早已没有了爱，口头上却往往不承认。”

“他冷酷地看着她，不带一丝感情，好让自己与她的痛苦保持距离。她无处发泄，转为焦虑。”

用精神虐待逼迫对方主动放弃和离开，这才是最狠的心，对曾经爱的人，做出的最狠的事。

女人们，请睁大眼，擦亮心。

婚姻大多都会进入疲乏期，但是，所谓的左手握右手，是激情消退之后的相濡以沫，不离不弃。

不是你伤心难过他坐视不理。

不是你发烧生病他置若罔闻。

不是你遭遇难关他视而不见。

那不是平淡，那是自私和冷血。

许多懦弱的女人不愿正视现实的残忍，只是一味为男人开脱：他只是不擅长沟通，他只是反应迟钝，他只是不太会关心人。

冷漠和迟钝，根本不是一回事。

自私和钝感，千万别混为一谈。

无论未婚的姑娘还是已婚的女人，别被这种把戏蒙骗。不在冷漠中爆发，就在冷漠中灭亡。

面对蓄意而为的冷暴力，你只有不怕离开，不怕失去，才不会在施虐者的冷漠和自私中苦苦消耗自己，为难自己，折损自己。

再平淡的爱，都不应该是冷冰冰的伤害。

那些关于婚姻的实话，你敢听吗？

> 所有婚姻都有成本。经济的，肉身的，精神的。
> 越往后走你才会真正体会到，当初你觉得俗不可耐的，恰恰都是重要的。

N年前，我曾兴冲冲地做过一套计划：等到结婚十年的时候，我们要带儿子拍一套婚纱照，要去当年办婚礼的酒店吃一顿饭，要策划一场旅行重温蜜月……

然而事实是，我在十年周纪念日过去一周之后，某天签字时看到日期，猛地一拍大腿："忘了啊。"

这就是一对结婚十年的夫妻的日常。

现实，琐碎，偶尔逗逼，时常互黑；为家长里短怄气，为鸡毛蒜皮斗嘴。

因为经常写情感文，总是会收到读者的询问："爱玲姐，你的婚姻一定特别美满，真羡慕你们。"

我每次都吓得赶紧否认："千万别羡慕，该有的烦恼、龃龉、糟心，谁都不比谁少。"这是真心话。

我之所以喜欢写情感和婚姻，是因为这十年走来，每个阶段，都给我带来新的感悟。

我在婚姻里走的十年路，每一步都像一面自带X光功能的镜子，照出我骨子里真实的自己，让我思考，反省，在艰难悟道中，积累出一点点生活的智慧。

未必正确，未必好听，我能给出的只是真实与坦诚。

01

感情是感情，人性是人性

上个月在新书签售活动现场，有位读者对我说，她和爱人现在是两地分居，因为曾在文章看到我也有过类似的经历，想问我怎样经营异地感情。

我给她的回复是：想尽一切办法，尽快结束异地状态。

我知道这听起来是句废话，但的的确确是我最真实的想法。

我经历过异地恋和异地婚，所以我作为过来人的经验是，感情并不是万能的。

异地恋最艰难的阶段，前路遥遥无望，我动摇过，质疑过，想放弃过。仅管最后，历尽坎坷地坚持下来，其实离不开天时地利人和。

我也看过很多经不起时间、经不住考验的感情，虽有惋惜，但也能理解。人的本性就是趋利避害，抗不住的时候，想妥协于现实，想臣服于命运，并不仅仅是哪个人的错。

一个成熟的人，会相信感情，也会尊重人性。

少试探，少考验。听天命之前，先尽人事。把该做的努力做完，再说无憾。

02

别拿恋爱的标准去要求婚姻

结婚多年之后我逐渐明白一个道理，生活本身就是一个令幻想不断破灭的过程，因为幻想破灭，所以必须看清现实。因为接受现实，所以让人成熟成长。

恋爱时，谁不是万千宠爱集一身。你指东他从不往西，你说南他绝不指北。你小嘴一撅要天上的月亮，他恨不能插翅即飞。

谈恋爱，是让人变成近视眼，雾里看花水中望月，朦朦胧胧中彼此都是盛世美颜。

婚姻这东西是副眼镜，婚后一戴，对方的瑕疵丑陋，邋遢懒散，原原本本被还原，看得一清二楚。更要命的是，曾经你一生气，他就不计成本地哄，如今你双泪暗垂，他独自鼾声如雷。

女人这一生要过的关卡，最难的不是从少女到少妇，而是“失衡”这一关。

怎么办？调整标准，降低期望，文艺腔留给梦想，烟火气才是生活。

你看那些婚后能把日子过得风生水起热气腾腾的，从来不是玻璃心矫情病的“小公举”，而是调整自我适应角色的大女主。

03

一生中有10000次想掐死他的冲动？太少了！

网上金句说，婚姻里中会有10000次想掐死对方的冲动。拉倒吧，10000次怎么够。

你算算吧，就按30岁结婚，80岁终老，在一起过50年，共计18250天。更何况，经常一天就想把他掐死好几回啊！

你想要安慰求抱抱，他一句话把天聊死；

你要倾诉想吐槽想宣泄，他一脸懵懂说不关我事；

你需要支持要鼓励要赞美，他答得驴唇不对马嘴；

更不要提这些时刻——

你孤立无援，他坚定站在婆婆的阵线上。

你劳碌奔波操心受累，他一人吃饱全家不饿。

你费尽周章耗尽心力，他乐呵呵甘当猪队友。

有时候你不得不感慨：岁月不是杀猪刀，你老公才是。

放心。你看老公是傻子，隔壁老王亦如是。

04

不必羡慕别人家的老公

对他人的生活，我们看到的永远只是一面。

真正的日子，背后的鸡毛都各自飞。别轻易羡慕谁，即使我们心里有无数个典范模板——钱锺书与杨绛、山口百惠和三浦友合、周润发与陈荟莲……

我们都是带着美颜滤镜看别人，然后又掏出放大镜看自己身边这个。

你选择了一个人，他的优点缺点都是你的。你享受了好的，也得承担坏的。

那些净是优点的男人，正是因为他是别人家的老公。你没与他一日三餐朝夕相对，不曾有过鸡毛蒜皮的时刻，自然没领略过鸡飞狗跳的滋味。

睁着眼睛选人，闭起眼睛相处。除去人品和原则问题，底线之内的事，几家欢乐几家愁，谁都不必羡慕。

05

婚姻里的爱、钱、性，一个都不能少

这三样东西 ，单挑哪一个都不是万能的，但离开哪一个都万万不能。

没有爱，婚姻是座风雨飘摇的危楼，经不起现实轻微磕碰。

没有钱，你以为有情饮水饱，最后发现什么也干不了。

没有性，起初只是身体的饥饿，随之而来的是灵魂的枯萎和寂寞。

爱情很缥缈，婚姻很实际。它就是由爱、钱、性三个要素共同构建的一个利益共同体。这是一个铁三角，如果其中一个少了，另外两个就要多些，才足以弥补和平衡。

所有婚姻都有成本。经济的，肉身的，精神的。越往后走你才会真正体会到，当初你觉得俗不可耐的，恰恰都是重要的。

一些事，感情或许会放过你，但生存却不会饶了你。

曾经有男读者问我，为什么女人总爱看情感文章里的鸡血鸡汤。

我告诉他，因为婚姻的真相里全是鸡毛啊。

爱情里，浪漫有时，文艺有时。

婚姻里，烟火有时，油腻有时。

我也曾在心里问过自己，如果重来一次，我还会做同样的选择吗？

答案是：如果让我退回和当初一样的年纪，我还会做同样的选择。

如果让我保留现在的认知，我的选择或许会是不同的。

但我仍能感觉到真实的幸福。只是，“30+”的幸福与“20+”的幸福不同，它不是你向爱的人索取的，而是你自己经营的。

那晚灯下，我对枕边人说：“结婚10年，加上恋爱8年，我竟然为你付出了18年。”

他放下手机抬起头，悠悠地说：“也是我的18年。”

我俩相视一笑。所有感叹心照不暄。

所有能走到最后的婚姻，都是因为生出了恩情与道义，宽容和慈悲。

这一切，才抵得过时光萧索，山河寂寞。

我们都曾有100个想离婚的念头，终究，还是找到了101个过下去的理由。

你把男人当孩子养，就别怪他拿你当妈用

> 一个真正有自我的人，不会为谁盲目牺牲自己。
> 无论爱人，或是孩子。

01

先提个问题：

一个已婚女人，被单位派至外地参加一个月的封闭培训，结束之后回到家，最怕看到的是什么？

是不是首先会想到——老公跟小三鬼混，或者带别的女人回家，或者在卫生间发现了来路不明的女性用品……

可惜都不是。

等待她的，是34双臭袜子，满满一大盆，臭气熏天地堆在洗手间里。

听女友小瑜讲完她的遭遇，我不厚道地笑了，问她：“一个月30天，就按一天一双吧，你家这位怎么穿出34双来？”

她气得吐血：“每周还要跟他同事打球呢，这不正好多出

4双！”

“那他平时也这样？”

“对啊，结婚6年，袜子从来不洗，直接脱下来扔卫生间地上。”

“你要不给他洗，他能怎么样？”

“就会扔到洗衣机里，那洗衣机里都是贴身的内衣，我可受不了搅着袜子一起。”

没错，男人就是这样，懒惰，邋遢，放任，婚姻里的鸡零狗碎都是女人承担。

但换个角度说，他为什么能心安理得地攒34双袜子等老婆回来给他洗？

老婆出差学习一个月，难道不应该是备桌好饭，接风洗尘，迎接凤驾回銮吗？

小瑜叹气：“这些年我简直就是他的保姆，早晚不是被气死就是被累死。没办法，他这把年纪都成习惯了，改不了。”

我没客气：“这习惯，是你给他培养的。”

02

曾有个读者向我倾诉，抱怨老公自私，一点都不体贴。

她结婚多年，一下班要洗衣做饭，家务全包。每到冬天，还要把农村的婆婆接来住上几个月，上顿下顿地伺候着，男人什么都不管，下了班就在街上看人下棋打牌，要么就跟狐朋狗友喝酒，有时喝到深夜回来，还要把她从睡梦中叫起来，说肚子饿了要吃面。

某次她气急，怒斥男人懒惰，却换来对方明目张胆地轻视和不满："谁家男人不是这样，就你干那点活？人家老刘说，他老婆每天早上都把皮鞋打好油摆门口，我还没说你呢！"

她在微信上絮絮发了十几条，问我："你说，男人的良心都哪去了，怎么这么不知道心疼人呢？"

我问："你是只想跟我倒倒苦水吐吐槽呢，还是想听我真实的意见呢？"

她说："我就想知道怎么能治他这个懒！你在微信上语音留言就行，我先去把饭做了，晚上再看手机。"

我："……"

很多女人不明白，你看到的果，其实自己恰恰就是那个因。

你抱怨男人永远像个长不大的孩子，是因为你自己早就当了他那个妈。

03

婚姻里，如果女人的妻子身份错了位，男人的丈夫角色就必然会缺位。

你把老婆和老妈的活都干了，男人百无一用，便心安理得退回到婴儿状态，饿了哭，饱了睡，吃喝拉撒事事有人服侍到位，他不必当英雄，甘愿做婴儿。

就像面对34双臭袜子的小瑜，我问她："不给他洗会怎么样？"

她会说："总不能让他没的穿啊！"

"没的穿就没的穿呗，我就不信一个大男人会光着脚出门。"

"那他就自己买新的。"

"那就由他买，多买一百双袜子也不会破产，发家致富也不是靠他省出来的袜子钱。"

"可是……"

哪有那么多可是？无非是，你习惯了鞠躬尽瘁，他习惯了坐享其成。

婚姻里的怨妇是怎么练成的？都是从圣母演化来的。

过度付出——心态失衡——不停抱怨。

它们是对孪生姐妹，从来都是相生相长的。

婚姻这东西，本来就是你情我愿求仁得仁的事。

大女主刘嘉玲，在节目中提及梁朝伟的另一面："家中有事他第一个闪人，直到解决完了才回来。"

她说家中房子装修，有噪音，有陌生人，梁朝伟提了一个小箱子便走人了，直到装修完成再回来入住。

没关系，她喜欢啊，她欣赏啊。

钱锺书也是位生活不能自理的大少爷。婚后家中一切事务皆由杨绛包揽，做饭缝衣，打扫采买，她是他心里最贤的妻最才的女，甘之如饴。

最累的情形是，一边当圣母，一边做怨妇。

圣母心的人缺少自我，习惯用过度付出来证明自我价值。

“我为你做了这么多，为你牺牲这么多，你为什么不能体谅我，良心都被狗吃了……”

张德芬曾说：“个体与个体之间，常常是彼此吞噬的关系。”

说白了就是，如果你没有自我，就容易被对方吞噬。

一个真正有自我的人，不会为谁盲目牺牲自己。无论爱人，或是孩子。

他有他的一生，你也有你的一生。只有用爱相互成全。

男人不做家务不是婚姻的癌症，但女人无原则地包揽之后又要求男人改变，改变不成就无休无止地抱怨，才最值得反省。

总之一句话：你把男人当儿子养，就别怨他拿你当妈用。

你有勇气告别错的，才有希望迎来对的

> 我们最大的对手，不是外人，而是自己。
> 人生最大的难关，不是婚姻失败，而是自我否定和质疑。

不只一个读者向我倾诉过，离婚真的是扒层皮，没经历过的人不懂那种痛。

从情感层面，离婚是一次伤害。

从经济层面，离婚是一场破财。

所以我并不鼓励离婚，但我支持止损。

“婚姻是台旧冰箱，出了问题先修，修不好再换。”我们都希望是这样。但如果感情确实已经覆水难收，只剩煎熬和折磨，徒留伤害和痛苦，那么及时止损，就是一种救命的智慧。

01

女友Y的婚姻一直饱受煎熬。

从她第一次发现老公跟女下属撩骚，到后来证据确凿确认出轨，再到两人互不理会分房而睡，已经持续了两年。

前两年，俩人还能装装样子，逢年过节回双方父母亲戚家，扮一把恩爱夫妻。今年年初起，装都装厌了。各回各家，各找各妈。

孩子上寄宿制学校，家中冷锅冷灶，厨房里的蟑螂都能饿死。

我问她："还有挽回和修复的余地吗？"

她摇头："心死了，救不活。"

是。亦舒说过："一个男人不爱一个女人，她哭闹是错，静默是错，活着是错，死了也还是错。"

无爱的婚姻里，日日夜夜都是苟且。

"那为什么不离呢？"我问她。

她苦笑："我不是没想过。可是从恋爱到结婚，我十年的好时光都搭给他了，女人一辈子有几个十年？"

我理解。从24岁到34岁，从生理年龄来说，这的确是一个女人的黄金十年。

但34岁以后呢？因为之前搭进去十年，所以要耗进去后面若干个十年，这才是一本最不划算的账。

02

几年前我曾面试过一个姑娘。

她的上一份工作，是父母为她安排的一家国企。工资不高，但稳定体面，一干就是三年。

但她心里很不爽。

她的同事，基本都是拼关系挤进门，互相较劲谁也不服，三个小帮派明争暗斗，更别谈团队合作。

领导为了保住位置，对基层建议充耳不闻，只求熬到退休平稳着陆。

年终优秀个人评选，没有业绩考核，不看数据报告，要么凭谁背景硬，要么按资排辈轮着上。

她在一团乌烟瘴气中失望透顶。

我问她："后来怎么决定辞职的？"

她说，一天上班途中，她在车水马龙的路中央，突然在瞬间闪过一个念头——希望发生一起车祸，令她骨折，就不必去上这该死的班了。

她自己也被这个想法吓住了。原来内心那个真实的人，已经厌恶这件事到了如此程度。

她决定为自己过去的三年买单。不顾一切先斩后奏递交了辞呈。

父母大怒："再干两年就能晋职称涨工资，这么稳当的工作你还有什么不知足……"

她坐在我对面，向我娓娓讲述这些。她从头向应届毕业生学习简历制作，上网投简历，和比她小三届的学生一起挤在人才市场。

但她的眼里有光。

那光，是她心里未来的方向。

那姑娘最后并没有来我们公司，但我看到她更新的QQ空间信息，进入一家贸易公司从头学起，干劲十足。

我欣赏她的精神和勇气。放到婚姻里，这是一样的道理。

03

女友Y的婚姻，就像那位姑娘曾经的工作。形同鸡肋，苦不堪言。

之所以不甘心放弃，是因为之前的投入。

男人和女人在心智模式上，最大的区别就是：男人更愿意面向未来，女人更习惯沉湎过去。

感情里，女人太喜欢回顾对过去的投入，比如：

我们在一起整整三年；

我最好的青春都给了他；

我曾为他付出那么多；

我为他做的牺牲那么大；

……

这才是我们最大的困局——习惯于根据过去的投入做决

定，而不是由未来价值做决定。

经济学上有个术语，叫“沉没成本”，是指已经付出、无法追回的损失。而为了成本再继续投入，就是追加成本，而结果就是损失更大。

恋爱谈了三年，两人渐行渐远，明知已经不再合适，但因为之前投入了三年，硬着头皮也要结婚。

结婚过了五年，终日吵闹不休，毫无幸福可言，但因为已经生活了五年，再不满也得凑合过下去。

一份工作不喜欢，但已经干了五年，就只能继续行尸走肉地混下去。

一双鞋子明明磨脚，因为已经花了800块买回来，忍着痛磨破皮也得继续穿。

因为怯懦，所以不敢改变。

因为不敢改变，就只能追加投入。

因为追加投入，产生更大的沉没成本。

这就是为什么——怕损失的人，往往损失最惨重。

04

Y说：“我要给自己一年时间成长，然后做最后的决定。”

成长究竟是什么呢？

真正的成长，首先是认知升级。我们要清楚地知道，既然沉没成本是无法追回的损失，我们唯一能做的，就是终止损失，不再继续投入。

我对Y说：“如果你最终决定结束这段婚姻，你给自己的这一年，不仅仅是时间，有太多重要的事情需要准备”。

你要增强谋生技能，储备生存资本，离婚是把你从之前生存了十年的温室里推出去，独自面对凄风苦雨，你必须会飞。而赚钱的本事，让你免于受苦，免于受辱。

你要咨询专业律师，掌握法律常识，了解财产分割、孩子抚养等重大事件的条款。情到尽头，能好聚好散的人太少，成年人的智慧，是不害人，但会自保。不赤手空拳上阵，永远有所准备。

你要做心理建设，强大内心，被伤害过的人，绝地重生也许不难，难的是不被伤害所改变，能继续珍视自己，永远热爱生活。

你想离婚，十年不晚。

要知道你的人生，以后的若干个十年，才是无价的。

我们最大的对手，不是外人，而是自己。

人生最大的难关，不是婚姻失败，而是自我否定和质疑。

买错了船票，票价就是学费，不必为了这点成本，在一艘破船上煎熬度日，辛酸委身。

你有勇气告别错的，才有希望迎来对的。

既然这么高成本地活着，就更不能辜负自己啊！

> 我们唯一拥有的只有现在。
> 我们唯一能做的只有建设好这些现在，将它攒成更好的未来。

01

朋友最近搬了家，公立幼儿园就在楼下，却插不进班，其他幼儿园又离得远，老人接送很不方便，四下托人帮忙。

那个幼儿园出了名的严苛难入，我辗转托人帮他联络，最终还是办不成。

无奈把这消息告知他，人家没说什么，我自己先满心沮丧起来。

这份情绪，不只是未能帮上忙的内疚，更多的是，它勾出我多年来，身为一个异乡人的落寞和无奈。

朋友和我一样，也是半路来到青岛，一家老小举家搬迁，只为支持他创业。

如今公司发展很好，也成为别人眼中“混得很不错”的那一类，月入五位数，年终拿分红，披星戴月地拼命，终于购房购车落户口，在这个城市安了家。

可只有我们这样的人知道，安了家，并不等于扎下根。

和所有那些看上去在大城市混得不错的漂族们一样，真正困难当前，依然很难为孩子解决一个入园名额。

这便是，拥有了远离七姑八舅催二胎的自由、拥有了凭一己之力在他乡站稳脚跟的荣耀背后，难言的代价与辛酸。

02

工作第一年的秋天，父母从老家来看我。

一是，他们很不放心我与陌生人合租的房子。

二是，他们很想看一眼我上班的公司，哪怕只是看看写字楼外观，也是心安。

他们在公司附近的海边等我下班，然后我带他们去一个小饭馆吃饭。

两笼灌汤包，几个小菜，每人一碗粥。总共花了68元。

可这是我人生的里程碑——我终于用自己的工资，真正请他们吃了一顿饭。

他住了两天便回去了。走后爸爸发了一条短信，告诉我被子底下放了500块钱。

他还是看出了我的窘迫。

我当然不会告诉他：

我交完房租是如何靠借钱度日的。

同事请客我怕还不起人情是如何找借口不去的。

平日是如何谨小慎微不敢生病不敢得罪房东的。

以及，半夜应酬回来是如何厚着脸皮请男同事将我送上漆黑楼道的。

那一年，我夜夜下班后都去码头看班轮鸣笛起航。

暮色中，大船缓缓驶离，大货车开出堆场，装卸工人粗犷谈笑着，准备归家。

别人都有家可回，我没有。

有时会有陌生男人来搭讪，我紧张得赶紧离开，一路一走一回头，生怕被尾随。

那些小心翼翼、畏首畏尾的日子过了很久。

没钱是一方面，胆小是一方面，更多的，是一个年轻女子在他乡赤手空拳闯入社会丛林，四顾茫然的无助。

彼时，老公尚是我的异地恋男友，他有时会坐四个小时的长途车来看来，傍晚到公司楼下接我下班。

我见到他，从来不会说一句甜嗲的“我想你了”，更多的“我通过试用期考核了”“今天开会经理又表扬我了”的兴奋。

对我来说，被领导认可，远比被男人深爱更重要。

因为失去他，我尚能存活。

而失去工作，我将在此无地立足。

03

多年之后，每当回想起那段往事，太多感慨与叹喟交织，五味杂陈。

那是我人生的重大财富。

它让我尝过孤注一掷、非此不可的滋味。

它逼着我从多愁多感的林黛玉，长成强悍泼辣的王熙凤。

从此我知道有些苦，我为养活自己必须要咽下去。

从此我懂得有些路，我并无资格睥睨，唯有咬紧牙关走下去。

我的狠劲，我的决绝，都在那个时期野蛮生长开来。

那年初做HR，我第一次面临辞退试用期不合格的员工。

那是我亲自招来的一个外地应届毕业的女孩。

与她面谈前夜，我自己先哭了一晚。

我代入感太强，悲伤难抑。

想着这一夜之后，她将再次成为断梗飘萍，被推向不可知的命运。

想着她是否要重新被挤向人才市场汹涌的人流。

想着她是否会因突然没了收入来源被房东赶走。

想着她是否无法找到更好的工作只能打包行李离开这座城市……

我把我对自己的担忧焦虑，都投射到了她身上。

后来几年，几经磨砺日渐圆熟，我学会了面对应聘者侃侃而谈，面对淘汰者不动声色。

不是冷血了，而是明白了，我们每个人，都要接受这世间竞争规则。

无可逃遁也无人代替，那是每个人必须要经受的坎坷必须要趟的河。

何止是竞争的淘汰和辞退的无情，还要面对日后无以计数的压力焦虑担忧挫败，风尘仆仆地翻滚着折腾着苦苦奋斗着，快乐阈值只会越来越高。

可这个过程还是会让人那么受益。

为了留在这里，会逼着自己长出羽毛生出翅膀，成为自己的Super man。

为了跑赢对手，会在格子里间里孤军奋战，刀光剑影，誓不低头。

为拿出一个方案，为解决一个需求，为搞定一个Bug，与自己死磕到底，决战于巅。

最终，我爱上那种张力，那种韧劲，那种紧张感，那种能对自己下狠手的过瘾和痛快。

自此，拥有一份枪林弹雨咬紧牙关之后，终能立身笃定的自持。

04

今年春节过后，公司一个实习半年的女孩辞职。

她很努力也很有潜质，但家人坚持要求回老家。原因不外乎两点：

一，买不上房子。

二，找不着对象。

很简单，却无比现实。

我能理解她的妥协。

这世间，这尘世，怕与痛、愁与忧，困顿与焦虑，无奈与畏惧，每一天都在每个人身上上演。

离开的不是逃兵。

留下的也不是英雄。

那只是每个人甘苦自知的选择。每一种选择背后，都意味着告别与适应，都意味着代价与承担。

我们唯一拥有的只有现在。

我们唯一能做的唯有建设好这些现在，将它攒成最好的未来。

那夜读到一段文字：

因为在一个城市缺乏根脉，所以漂们往往更孤独。他们缺乏发小、哥们儿、好一点的能有几个大学同学，差一点的就只有工作认识的利益之交，更因为没有七大姑八大姨等重要的亲缘关系，那些看上去混得不错的漂们，也很难为家乡父老谋得一张在大医院的床位，或者为没有当地户口的孩子寻一个不错的学校。也正因为这样的漂泊感，让他们比任何人都努力，通过个人奋斗去获得本地人才有的资源，也正是因为这样，才让他和他们漂泊的城市充满荣光。

泪流满面。

那些一往无前，那些破釜沉舟，那些暗夜里刻骨的绝望，那些被嘲笑过的倔强，也许都是我们心中另一种英雄主义。

正是因为经受磨难和历练，我们才更有勇气，站在自我独立的选择里，让荆棘开出花。我们才更加珍视，每一次小步的前进每一份细碎的所得，铺陈成人生林林总总的小确幸。

昨天翻看日历，陌然发现，9月9日这一天，距离我当年背起行李异地求学、真正成为一个异乡人的那一刻，整整过去了

19年。

我全部的青春，我所有的努力，都完好地、无悔地留在了这19年间。

它如此宝贵，从未浪费。

此刻，37岁的我，在经历过离群索居的低谷绝望之后，在体会过踽踽独行的无助挫败之后，在感受过独在异乡为异客的惶然凄楚之后，走在人流如织的街头，穿过鳞次栉比的高楼，对着那片天海，对自己说：

“既然这么高成本地活着，便更不能辜负了自己啊。”

桃心话

◇

01

讲述：

和男友相恋10年，前段时间因为他一夜情的背叛，我们都经历了一段痛苦时期，最后决定彼此冷静一下。过了一个月，他却告诉我他不爱我了，觉得有我的未来不幸福。

我听后有如晴天霹雳，我给了他机会，他却这样对我！不爱了怎么相守10年，我们这段感情早已经超越了爱情，他说即便我们已经结婚了，他也会选择离婚！他不想耽误我了，他想过一个人的生活！

我现在很无奈，无法接受这一切，突然之间什么都变了，当初我走的时候他依依不舍，说让我等他，现在我却成了那个逼他的人！两个早已经融为一体的人，怎么能如此绝情！

回复：

姑娘，知道吗，看了你的留言，我本能地想起一部电影里的一句台词：“你觉得是幸运，而我觉得是代价。”

现在我想把这句话反过来送给你：“你觉得是代价，而我觉得是幸运。”

真的。

如果，现在给你放两部电影，一部是：一个姑娘恋爱十年，付出青春、真心与实意，一门心思谈婚论嫁，最终遭遇渣男劈腿背叛，原谅无果，痛不欲生，恨人心薄凉男人薄幸。

另一部是：一个女人嫁给了相恋十年的男友，却在无数个夜里怀抱奶娃独自垂泪，披头散发容颜枯槁，男人自私冷漠无担当，还出轨一夜情找小三。

你觉得，哪一个女主更悲催？

如果想到，第二部里的人，就可能是未来的你，会不会马上打个寒战立马清醒，无比庆幸。

人在很多时候，需要学会变换思维。

十年感情，倾注心血，彼此血肉相融，如果，我只轻描淡写劝你一句潇洒转身，那是站着说话不腰疼。

我明白十年的恋情对一个女人意味着什么，没有任何人，能洒脱到说放手就放手。这无关坚强，只关于感情。

但是，他犯错在前，绝情在后，出口伤人，毫无悔改之意，在这十年感情前，他置你于何地？

你觉得，你俩已经不可分割了。你觉得，你们已经要谈婚论嫁了。你觉得，你们已经是彼此的亲人了。

很遗憾，这一切，恐怕只是“你觉得”。

婚前的一夜情、婚后的出轨，本质上并无太大区别。因为背叛的本质是一样的。背后都是自私贪婪与薄情。

痛苦在所难免，但我真心觉得，你该庆幸。庆幸在结婚前，他露出了真正的嘴脸。庆幸在结婚前，生活让你看清了这个人真实的一面。

总好过，你被哄骗着、欺瞒着结了婚，生了娃，他界时再改头换面，你悔不当初，苦不堪言。而怀中娃儿嗷嗷待哺，身后父母年事已高，肝肠寸断委曲求全。

并非我危言耸听，而是在婚姻里打过几年滚的人都知道，选错人要付出多么惨重的代价。

两个月前，有个读者给我留言，说她来我所在这个城市看望孩子。

当年她远嫁至山东，婚后男人出轨，她忍无可忍提出离婚，男人反目，吃定她背后空无一人势单力孤，用尽各种卑劣手段令她净身出户，失去孩子抚养权。又动用各种关系人脉将她逼出本市，不许她看望孩子。这几年，她眼泪流尽，心如死灰，每次思子心切，只得默默飞到本市，趴在孩子放学的校门处远远看一眼。

我都听得直流泪。

还有多少女人，在鸡肋般的婚姻里迷茫焦虑进退两难。长夜里流过的泪，人后咽下的辛酸，都无法言说。

你觉得割舍十年感情是痛苦，那是因为你不知道，将错就错、一错再错之后，才是极刑。

不必耗费太多精力去研究男人为什么这么心狠，这么薄情。就像琼瑶剧里，男女分手一定锤胸顿足，仰天长啸“为什么为什么为什么”！

并没有什么用。

相反，你倒是需要审视一下你在这段感情里的地位，为什么明明是你妥协退让，却纵容了他变本加厉。

有时候，感情的时间，不一定和深度成正比。

我曾在以前的文章中提到过“沉没成本”，很多情况下，女人遭遇背叛，明明痛苦仍不愿放手，是因为舍不下之前的投入和付出，总是寄希望于增加成本扳回一局。

但男人比你现实得多也精明得多。他搞一夜情之前，没考虑过后果吗？他对你说那些绝情话之前，没权衡过吗？

我并不想武断地否认你们十年的感情，但如果成本沉没了，就是沉没了，付了代价，你总要收获教训和成长。

很多时候，女人绕不过脑子里的弯，咽不下这口气。

女人一辈子已经很不容易了，别给自己添堵，一定要让自己想得更开，活得更爽。

你在家叠个被刷个碗，你爹妈都感叹你长大了。

你嫁给一个渣男，给他洗衣做饭生孩子，累死累活伺候一大家子，他跷着二郎腿在沙发上打游戏看电视，还嫌弃你做饭不好吃，带娃不仔细。

还有个段子——

男人说：我没钱没钻戒没房子，但我有一颗爱你的心，你愿意嫁给我吗？很多姑娘都不愿意。

再对比一下你这个，没钱没钻戒没房子，连爱都没有，只有一颗说变就变的心，你图他啥？

所谓爱情啊，是骡子是马，生活会把你拉出来遛遛的。

看看网上那些文章，“钱才是婚姻的照妖镜”“婚姻好不好，生个孩子就知道”……你该多幸运，不必用亲身去试，他就自己现了原形。

姑娘，这个年代，不必再委曲求全了。地你能扫，架你会打，街你会逛，钱你能赚，你要那个男人是来做什么的？是来给你添堵的，还是给你找虐的？

把他放进你家户口本，都嫌他浪费那一页纸。

所以，痛就痛一阵子，太阳照常升起。相信我，你最该享受的幸运，是他的不娶之恩。

让你哭过的过去，总有一天会被笑着讲出来。

就像那个段子讲的——

失恋后，白天倒还好，有忙碌的工作，可是一到晚上，就再也克制不住自己的感情，把头埋到被子里，嘿嘿嘿地笑出声来。

02

讲述：

我最近遇到感情困扰，无法走出来！我女朋友是一个比较爱玩的女孩，异性朋友很多，还经常在微信和其他男生暧昧。一次被我看到了，我就把那些男生删除了，她就和我吵架分手，我很爱她，我不知道如何挽留是好？

回复：

野火烧不尽，春风吹又生。你一定明白这个道理。

很明显，在她那里，你只是个备胎。

你徒有正牌男友的名分，但她并不爱你。所以她兴致勃勃地跟异性朋友们暧昧，全然不顾你的感受。你连生气的资格都没有，一生气人家就闹分手，到头来，你还得点头哈腰赔尽笑脸哄着宠着，这备胎的滋味太不好受。

爱，有时会让一个人卑微，但卑微和忍辱，是两个概念。

要么甘当备胎，要么转移阵地。

什么时候最能挽回一个人？你不想刻意挽回的时候。

03

讲述：

桃花姐您好，我是一个县城的公务员，和老公结婚以来，我们白手起家，在县城买了两套房。以前我老公事业还算顺利（做销售），但近三四年不行了，现在我们这的事业单位做临时工，工作清闲，挣钱少，一月三千。现在最主要的矛盾是我希望他能利用空闲时间多挣点钱，而他总是去打麻将，我们还有他做生意赔掉的十几万欠账，他也不着急还。我心里对他很失望，总想着要不要离婚？儿子已上高中 ，很纠结。期盼您的回信。

回复：

你们这么多年能白手起家，把日子过到现在这种程度，说明两人都是有上进心的。男人现在散漫，可能是几方面原因：

一、工作和原来相比落差太大，从忙碌的销售到闲散的临时工，价值感急转直下，男人又好面子，只能用打麻将来逃避人生的沮丧。

二、人到中年，日渐油腻，觉得前些年够拼了，现在该补偿下自己，反正已经两套房了，欠账实在还不上卖一套就是了。不光是你家这个是这么想，隔壁老王也一样。

女人呢，有时候挺矛盾的，自强自立喊了若干年，但骨子里还是做夫贵妻荣的梦。

你希望他继续上进继续拼，像吃了五百斤炫迈一样不能停，但有没有想过自己可以做什么呢？别光忙着催他上进啊！

其实任何一对夫妻，想改变对方都是难于上青天的事。把对他的希望先转向自己试试，一方面能挖掘自身的潜力，一方面少生气。

他不挣钱你挣啊，他不上进你上进啊。到那个时候，离不离婚，你都不会纠结了。

04

讲述：

爱玲姐姐，关注你快两年了，很喜欢你的文章，你写的三本书都买了，一遍一遍地看。我在生活中容易多愁善感，玻璃心。我现在孩子四岁了，有时候和老公吵架真的很绝望，感觉想法太不一样了，有过很多次离婚的冲动，但是考虑到多方面现实问题还是没离。爱玲姐姐怎么样才能成为你这样的人，改掉情绪化的毛病?

回复：

多愁善感玻璃心的人，有一个共同特点，就是想得太多而做得太少，从而生出莫名的无力感，甚至愤怒感，继而迁怒于人。

女人哪个没点玻璃心？但我一看银行卡上的余额，马上就不叨叨了，不努力赚钱就是犯罪嘛。

情绪化不是毛病，当你有了生活的目标并为之去打拼的时候，就会不药而愈了。

还有，婚姻里不要轻易动离婚的念头。真到了绝地也先做好打算再说，没有伞的孩子要努力奔跑，但不是让你去裸奔啊。

05

讲述：

一个20岁出头的女孩子，应该把什么放在首位？是男人？还是工作？还是提升自己？

回复：

如果家里没有矿的话，我建议排序是这样：

1、提升自己

2、工作赚钱

3、男人及其他

PART 3

欲是性与性，爱是灵与灵

◇

比有爱更重要的，

是我们作为一个人，

亮堂堂的人品，

坦荡荡的灵魂。

多少婚外情，过把瘾就死

> 越是缺爱的女人，越是玩不起婚外情。
> 杀敌八百自损三千，一夜欢愉少，长恨泪水多。最后白白成了炮灰。

01

有情感机构做过一个调查：女性出轨，对象大多是熟人。男性出轨，对象大多是陌生人。

我并不是想给女人开脱。什么生不生熟不熟的，出轨就是出轨，错误面前，一视同仁。而在接收了一系列情感案例后，我发现，同是出轨，女人和男人却有着巨大差别。

出轨的男人，大多很享受。爱是爱，性是性，分得门儿清。

出轨的女人，却通常很纠结。爱与性交缠，欲罢不能，痛不欲生。

一个读者，向我讲述了她的经历：

我和老公是校友，恋爱从校园谈到毕业，一路从校服穿到婚纱，曾经被很多人羡慕。

如今结婚8年，女儿7岁，老公在一家国企任管理层，工作忙，应酬多，节假日也经常见不到人。对此我有很多怨言，但他很满意他的工作，不想变动。

他是家中的经济支柱，我也无可奈何。

可是没有人知道，我一直在忍受无性婚姻。

恋爱期间，我们一切都是正常的。但在结婚前，他就已经出现了性功能障碍的迹象，阳痿、早泄，都出现过。有了女儿之后，我发现他对夫妻生活全无兴趣，几乎没有任何性欲。但我是个正常的女人，我是有需求的。

我与他沟通多次，希望他去治疗，可能男人都爱面子吧，他每次都推脱不愿意去。后来我也慢慢绝望了，心里觉得就这么凑合着过吧。但我内心深处有非常大的期待，我渴望被爱，渴望身体与心灵的交融。

去年年底，我被朋友拉进了一个微信群，群里都是各自的一些朋友，有些偶有交集，就建了一个大群聊天。在这个群里我和他加了微信。

其实我和他几年前就认识，只知道他是朋友的朋友，素无往来。也许是为了排遣孤独吧，大家开始在群里经常聊天。

我渐渐被他的幽默风趣吸引了。他很细心、体贴，对我关心备至。慢慢我们就从群聊改为私聊了。

他的妻子有过一次短暂的精神出轨，吵闹后两人复合。他告诉我，他是为了孩子才保全婚姻的。

和他相处，他给了我老公不能给予的陪伴、关心、爱护，还有性。慢慢地我和他坠入爱河，难舍难分，我投入了自己所有的真心和感情。我唯一有所保留的，是没有告诉他我老公性障碍方面的问题。

今年春天，我意识到我们这样是不道德的，对婚姻也不负责任。于是我提出，我们各自先离婚再在一起，考虑到他工作和收入一般，我也想再跳槽换一份更好的工作，重新规划以后的生活。

而我没想到，他听后退缩了。他说，他能预见他家会因此天翻地覆，而且他不能失去孩子。

我说如果你不离婚，那我们只能分手，我不能这样下去。他很痛苦，但我还是狠着心和他分手了。他最后说对不起，能不能给他两年时间考虑，我没有回答也没有否认。分手后他微信每天会给我留言，但仅限于问候。

可是，我的痛苦远超过了自己的想象。我吃不好也睡不好，半夜醒来好几次偷偷哭，我没想到自己陷得这么深。

前天我实在忍不住给他发了微信，提出想复合。

他回复说，上次我提分手说的每句话他都记着，不愿再打扰我，难道能要求我接受他不离婚还在一起吗？我哭着说我也愿意。

没想到第二天，他突然发来信息说，还是算了，这两个月回归简单生活，他觉得轻松自在，而且父母老了，孩子也大了，没有资本重头来过。所以他的答案是不用等两年了，现在就回归家庭。

我整个人崩溃了，但还是默默删掉了他所有联系方式。我打算要重新振作起来，好好工作，让自己自强自立。但是，每到夜深人静时，想起他，我的眼泪就忍不住流下来，心里觉得好苦，没想到他这么无情。

桃姐，我心里其实仍有离婚的念头，看了你的文章，又觉得孩子可怜，我知道不能冲动，可我该怎么办?

02

一声叹息，又隐隐心疼。

一千多字，总结下来，终究逃不过一个“男人走了肾，女人走了心”的狗血模式。

无性婚姻，是女人无法言说的痛。如同一株茂盛的植物，得不到灌溉滋养，只能日渐枯靡萎谢。

对一个正常的女人，性需求就像每天要吃饭睡觉一样，是生理的需要。

无性，不同于“不和谐”，尚可以有一定的技巧去磨合和提升。

无性是一个“零”，一个空空如也的黑洞，是无法用情商、金钱、沟通和经营去弥补的。

而你的老公，又是那一类不愿正视问题的男人，只知道把精力全部转向事业。

明知妻子有需求，却坚持少回家。

明知应该看医生，但还是不接茬。

他用逃避，掩盖男人内心的脆弱和挫败。

而女人是活生生的，她的身体和灵魂，夜夜寂寞如深海。

03

情感最脆弱的时候，往往也是最危险的时候。

一个出来打野食的男人，遇上一个缺性又缺爱的女人，不用想，都知道剧情会怎样。

出轨惯犯男常常混迹于各种群，他们目标很明确：广撒网，看看附近有没有什么女人可睡的。

一个缺爱太久的女人，周身都散发着一种饥渴的磁场。男人都不用见面，撩上几句就知道——这个，太容易得手了。

长恨浮生欢娱少，肯爱千金轻一笑。你真以为幽默风趣是他风雅的表现？

呵，网上现成的内容一搜一大片，对什么段位的女人，用什么尺度的段子，对号入座，轻车熟路。

自古套路得人心，撩妹大全里比比皆是。

他的温存体贴、呵护倍至、默契懂得、情深似海，只不过是上床前的基本铺垫。

你以为这是爱，其实只不过是他惯用的基本流程罢了。

至于他的婚姻苦水，所谓的老婆不忠，所谓的为了孩子，孰真孰假鬼知道。但基于流程，还是要先对你倒一倒。

男人猎艳时，从来只走肾。因为他们并不是想要更好，只是想要更多。

女人出轨时，大多都走心。因为总是渴望真爱，被妥帖安放，被深情以待。即使起初只为性，后来也通常变为爱性交缠，难分难舍。

你想找的，是一个身心性合一的爱人。

他想找的，是一个没麻烦不纠缠的工具。

当你破坏了规则，提出各自离婚，然后正式结合，他吓得赶紧退缩。

他提出的两年时间，貌似依依不舍，痛不欲生，实际上，是在给你一个转圜，倘若你睡一觉清醒了，自动回归炮友轨迹，他还愿意与你友好相约，将啪啪进行到底。

但你入戏太深，无法自拔，痛哭流涕甘愿委身，他屈指一算，太可怕。

你陷得太深非要以身相许怎么办？

你用情太专以后甩不掉怎么办？

你哪天一时失控找他老婆怎么办？

万一有个闪失被你老公发现怎么办？

他衡量一晚，正式宣告：父母年老（你太黏人），孩子太小（风险太高），没资本（没胆量）从头来了（继续睡了）。

直到你删除了他的联系方式，从他的世界里彻底消失，他终于长长地吁了一口气。

而你仍沉浸在这场假戏真做的余温里，悲伤得久久不能自已。

傻姑娘啊，一夜露水情缘，要什么天长地久呢？

04

多少婚外情，过把瘾就死。

越是缺爱的女人，越是玩不起婚外情。

杀敌八百自损三千，一夜欢愉少，长恨泪水多。

最后白白成了炮灰。

现代社会，女人不必在无性婚姻里守着贞节牌坊过一生，以证自己清白与高洁。

无性，是婚姻里非常严肃而重大的问题，需要与爱人正式沟通，不能一生都活在忍耐与压抑中。

正视自己的需求，这没什么可耻的，如果依然无法解决，就要权衡代价与成本，有舍有得，去追求自己想要的幸福。

而身陷婚外情，过把瘾之后背负着无尽的委屈与痛楚，对女人，永远是一桩最不值得，也最不划算的买卖。

我理解无爱的人身心寂寞，但不能支持这样的方式饮鸩止渴。

欲是性与性，爱是灵与灵

> 在情欲这件事上，我们都无法回避动物性的本能。
> 脱下外衣，卸下防御，赤裸相见的不只是肉身，还有灵魂。

01

Cathy把我叫出来坐了个把小时，一脸幽怨，欲言又止：“上个月，我俩去开房了。”

“哈，很好啊，恋爱谈了半年，这不是很正常吗？”

“一点都不好！”

我很八卦地凑上脸去：“怎么了？安全措施没做到？”

她把我的脑袋推回去，悻悻地说：“不是。我觉得他事后明显对我冷淡了，爱答不理的，之前的殷勤都是假装的，就是为了开房！”

“然后呢？”

“我觉得他就是个渣男，得手之后就原形毕露。后悔死了，竟然被这种人睡了……”

我问："你是不是想分手，又不甘心白白让他占了便宜？"

她又气又恼地点点头。

这事说来不复杂。两个人相处了半年，时间不算长，若男人善于伪装，鞍前马后，糖衣炮弹，解开姑娘的衣衫并不难。

对于情场经验并不丰富的Cathy，情到深处，春心萌动，顺水推舟滚了床单，也不是什么颜面扫地的事情。

若事后，发现这男人只为满足肉欲，并非真情实意，那就到此为止，作别渣男，各归各路。

要命的是，女人总感觉被对方赚了便宜，愤愤不平气不甘。

02

中国女人的弱者思维是怎么来的？很大一部分，是从性观念上来的。

我们从小接受了最封建的教化，对性观念的羞涩、保守，甚至迂腐，都让女人在以后的性行为中，本能地认为自己"吃了亏"。

这种腐朽思想之下，女人在两性关系中没有主动权，没有享受权，只有牺牲和贡献身体的义务。

男人外遇出轨，就是天性使然。女人红杏出墙，就是不守妇道。

男人放浪形骸，就是风流倜傥。女人享受欲望，就是淫娃荡妇。

客观来说，滚床单这件事，明明是一场互动。

成年男女，你情我愿，共赴鱼水之欢，只要你不拿弱者姿态来束缚自己，就不存在谁吃亏谁赚便宜。

很多女人的人生悲剧，都是从厘不清这点开始的。

有人因为第一次给了某个男人，就从此“生是他的人死是他的鬼”，即使明知对方是个渣男也得嫁。

有人因为和谁发生了关系，就觉得自己被对方欺负了，非得让对方付出点代价，给自己心理找补。

有人因为和谁上过床，就始终纠结于自己身体的奉献与牺牲，必须让对方负责到底。

一个女人真正的成熟，就是能客观、理性地正视情欲。

上过床并不代表就要对哪个男人托付终身，她能对自己的行为负责。

只要做好必要的防护，性爱的欢娱是平等的。

你睡我，我也同样睡了你。

你爽了，我也一样满足了。

03

我不是鼓励女人都勇敢去睡，更不是鼓动一夜情或者滥交。

太多的姑娘色厉内荏，面对男性的要求半推半就稀里糊涂，睡完之后又纠结，又后悔，又觉得自己吃了亏。

这才不是勇敢，而是犯傻。

一个女人真正的勇敢和强大，是接纳自己的需求，正视自己的欲望。

承担不了后果的，就不去做。

决定去做的，就能自我负责。

曾有姑娘私信问我："男朋友一直想要，我该给吗？"

你要先问问自己，你想吗？

如果你的意识里，认为这是 种交换，认为你付出身体之后他就该感恩戴德，倍加珍惜，言听计从，无限宠溺，那你恐怕只能失望和后悔。

你看男人何时考虑过这些？

他们从来都是进攻型选手，喜欢就去追，追到就推倒，推倒就进攻，不在乎死皮赖脸，不吝惜甜言蜜语。

在情欲这件事上，我们都无法回避动物性的本能。脱下外衣，卸下防御，赤裸相见的不只是肉身，还有灵魂。

两个相爱的人之间走到这一步，应该是水到渠成的一件事，而不是一个人对另一个的讨好和屈从。

欲是性与性，爱是灵与灵。

04

女人每个阶段，对爱情、对人性，理解各有不同。

但最终，我们都只能自己负担起自己的欲望和人生。

如Cathy男友这类男人，处心积虑只为上床，把睡到对方作为成就，发泄完欲望之后，便兴趣索然弃之如蔽履，只能说明他在这段感情里，爱的比重太少，欲的成分更多。

而女人，却太容易因为肉体关系而产生情感依赖和心理寄托，太缺少男人那种退步抽身的能力。

狗屎踩了，渣男睡了，难道非要日夜痛哭愧悔终生吗？未来路上擦亮眼就是了。

既然发现不是真爱，就图他个真爽吧。

别自我纠结，别凄凄切切。

他能下床走人多冷漠，你就能翻脸无情多决绝。

遇上渣男怎么办?

> 女人真正的自立，不是再也不相信男人和感情，
> 而是理性地对待男人和感情。

她今年38岁，已离婚近十年。

上一段婚姻是她25岁时不成熟的选择。维持了短短几年便结束了。离异单身的十年里，酸甜苦辣尝遍。她努力工作，拼命赚钱，抚养孩子，照顾农村的父母和清贫弟妹。

期间曾有过两段感情，对方希望结婚，但要求她把孩子送回前夫那里。她不忍，因为前夫是个毫无责任心，为了自己的自由可以把孩子扔在网吧10个小时的男人。最终对方却步，无疾而终。

内心渴望爱情，却不敢轻易再婚。

两年前，她认识了一个离异男人。当时她用多年积蓄买了一套小房子，一个人在北风呼啸的冬天忙装修，他得知后，鞍前马后地帮忙，无微不至地关心，融化了她多年冰封的心。

他真诚、体贴、暖心，他说他也经历过失败的婚姻，会更

加珍惜对的人。

她看到自己心里，那个读琼瑶、爱诗词的文艺少女苏醒过来，她重新相信了爱，全情投入，卸下盔甲，交付真心。

然而几个月后，男人突然说：他其实尚未离婚。但感情已死，只剩煎熬，他会尽快处理好手续，给她一个交代。

她震惊，痛苦。当泥足深陷成为苦恋，她开始较真，吃醋，纠缠。

男人连连道歉，连宠带哄，信誓旦旦。

她愤恨被骗，却又舍不下这份温情缱绻。男人却开始躲躲闪闪，含糊其辞。

一会儿是“放心吧，我一定会尽快离婚和你在一起”，一会儿是“我不忍心伤害你，我们分手吧”。

反复折磨中，她失控，在一次酒后给男人的妻子打了电话。

没想到，对方全然不是男人所描述的不可理喻，而是大气、理智、绵里藏针、不动声色地回击了她。

她在留言里写道：“十年前，因为小三插足导致我的婚姻解散，十年后，我却成了插足别人婚姻的人。我不想伤害别人，之前的两段感情，在对方因孩子问题提出分手后，我从未哭闹，从未纠缠，最后客气礼貌地结束。可这次我陷进去了，一想到要失去他就要发疯，他抱怨我变了，说我破坏了他原定的计划，增加了他离婚的难度，让他痛苦，让他难堪。我也很后悔自己冲动地给他太太打了那个电话，可我不知道还能不能等下去，还该不该相信他。”

我用了两个晚上，才看完了她的几十条留言。字字血声声泪，隔着手机屏幕都能感受到她的痛苦纠结。

可我还是要做一件更残忍的事——以文字为针，挑破这痈疽疔疖。

你的这个真爱，其实是个典型的“鸡贼男”。

你一定不愿相信这一点，因为他看上去那么踏实、体贴、真诚、实心实意。可鸡贼男脑门上从来不会刻着“算计”二字，老婆饼里还没有老婆呢。

他对你的点滴关爱，嘘寒问暖，是他设计好的手段，他很清楚，要俘获一个女人，既然不想出钱，就总得出点力吧，否则，就凭他只出几句甜言蜜语？

其实从一开始就是赤裸裸的感情欺骗，隐瞒婚姻状况，装单身，接近、试探、讨好，配合着体力活、苦肉计、献殷勤的组合拳，直至将你打动，令你深陷。

在感情上吃定了你之后，他再和盘托出——各种苦衷，未能离婚。

是他压根儿就没打算离婚。

油腻男人，中年寂寞，四处撩骚而不得。

那些情窦初开的女生，他不想惹。得手容易脱手难，怕玩腻了不好甩锅。

那些精明势利的熟女，他不敢惹。个个智商情商在线，他那脑子玩不转。

那些饥渴的已婚女人，他不能惹。不知对方老公什么来头，怕哪天被套上麻袋打骨折。

归根到底，他只想找个安全的婚外情对象，风险小，麻烦少，不必负责。

而你，无疑是他最好的猎物。

空窗多年，孤单隐忍。经历了婚姻坎坷，内心仍向往纯真浪漫，对爱情抱有幻想。你懂事，体贴，容易被打动，容易在感情上陷入弱势地位。你有收入，又体面，不闹事，不纠缠，不为他的钱，只爱他的人，而他最需要的，就是你这种活好不黏人的小傻瓜。

每天海誓山盟表白一番，情话说得他自己都快信了，不花一分钱成本，就能坐享一段不必负责任的外遇，这是充电5分钟通话24小时的买卖呢。

这笔账，他早算清了。不信，你让他给你买车买房试试看，恐怕你说要刷他一次信用卡，他都提上裤子麻溜滚了。

如果没有你的一时冲动，或许他还愿意继续演下去。但你要他离婚，还给他妻子打了电话，触碰了他的利益。

他发现，原来你也黏人了，也吵闹了，也有要求了，不是无怨无悔一心付出了，不安全不省心了，他马上就盘算着退步抽身。

他恼怒，是因为你影响他了。他要把锅甩到你头上——如果你不闹，我们还可以好好地在一起，而现在，你变了，你太可怕了，是你破坏了这美好的一切。

而那头回到家里，他十有八九会对老婆说：那个离婚女人空虚寂寞冷，是她勾引我。

两边的责任，他拍拍屁股推得一干二净。

看清了吧，这就是鸡贼男人惯用的手法。

你天性纯良，既做不到像欢场女子那样薄情，一夜露水后各走各路，也做不到势利女人那样盘斤拨两，计算得失，夺取利益。

你的道德，让你无法像怨女那样一再哑忍继续苟且。

你的修养，又让你不能像泼妇那样大闹一场让他身败名裂。

这是你痛苦的根源。

男人一夜，女人一生。

自古痴心女子负心汉。

你该庆幸，在一个男人身上只消耗了两年。你要学会利用这段经历，看清鸡贼男人的本质，看清自己感情上的短板，不再轻易被渣男骗。

感情中的得失无法计算。就看你怎么想。

现在他主动撤退，你全当鸣金收兵，清理不良资产。

女人真正的自立，不是再也不相信男人和感情，而是理性地对待男人和感情。

女人都自立为王了，有人却还想娶田螺姑娘

> 无论爱情还是婚姻，它满足的不再是生活需求，
> 更多的是精神上的理想和富有。

01

近期接连收到了几个姑娘的接连吐槽。

先是女友小C。

两个月前，一个朋友热心撮合，给她介绍了一个职场精英IT男。小C心态不错，并不排斥相亲，便与IT男尝试着相处了一段时间。

IT男很是好为人师。

一喝红酒，就大谈产地年份，从波尔多谈到勃艮第，一脸“只有精英才配喝”的优越感。

聊天时，经常故作无意地提起“我在美国的时候”，后来小C才知道，只不过曾被公司外派过去培训了半个月而已。

第三次约会餐毕，IT男将车后座上的一件薄外套交给小C，说请她帮忙洗一洗。

小C说没问题，我帮你送到干洗店。

IT男面露质疑："拿回家手洗一下就是了，怎么还用送干洗店？你不会……从来不洗衣服吧？"

小C说："我的外衣都是送干洗店，快捷方便，干吗非要费时费力手洗呢？"

IT男当即不悦："我原本以为你挺贤惠的，没想到你连洗个衣服都不肯，这样怎么结婚？"

俩人默契地一拍两散。

后来，IT男对当初撮合他们的朋友说，他并不是非要小C给他洗衣服，只是想考验一下，她是否具备做妻子的"传统美德"。

第二个是闺蜜S。

大龄单身普通人，既不出众，也不矫情，经常自嘲她那根红线大概是被月老卖给了杨白劳，拿去给喜儿扎头了。

既然成不了家，就先买房。三年前房地产市场低迷，她凑了20万首付，贷款买了个70平的小破二手房。

搬家后，邻居大妈超级热心，非要将自家侄子介绍给她——四十岁无婚史的酒店保安，无房无车月薪3000。

S这头还在找各种理由婉拒时，对方竟然不满意。

原因恰恰是这套房子。男方说：“一个外地女人，没结婚就自己贷款买房子，这钱，恐怕来路不正吧？”

S瞬间想骂人：“一个40岁的老光棍竟然有资格嫌弃一个34岁有房子的女人！”

第三个姑娘是我的读者，她在我的文章下方留言：

“前几天一个前同事让我给他介绍对象，还说：‘我觉得自己不嫖娼不赌博，如果不找个身材好的女朋友真是亏大了。’我忍不住说：‘醒醒吧，嫖娼赌博都是违法的，什么时候男人对自己的标准这么低了！’”

02

不得不承认，身边诸多实例一次次刷新着我的认知。

我真不知道，这世上有多少男人具备这种不明来由的谜之自信——

“我职场精英，月薪过万，你们这些女人一定都很想嫁吧？”

“我虽然无房无车，但我是男的，有市场啊，不像你们女的，三十一过妥妥豆腐渣。”

“这世道这么乱，我都不嫖娼不吸毒不赌博不出轨，你还想要求什么？”

只能呵呵了。

的确，当人类从采集游猎文明进入到了农耕文明后，男人的体力优势凸显出来，由于男性能够创造更多价值、掌握更多的生产资料，人类历史也慢慢从母系氏族进入到父系氏族，男人也就成为社会的绝对主宰。

而当时代发展进步至今天，靠着性别和力量掘取优势的年代已然过去，男人和女人之间需要的，是更理性友好的分工合作，是相扶相持的共同成长。

马薇薇曾在《黑白星球》中说，中国男人配不上中国女人。

她从四个角度列举了观点，包括：中国男人没学会尊重女性；中国男人的婚姻观跟不上中国女性觉醒；中国男人的魅力不够；中国男人的性观念配不上中国女人。

当然，这话太狠也太绝对。配不配得上，说到底是一场你情我愿的事。

我并不想蓄意对立男人和女人，只想正视一个现实：越来越多的女性已经在自立之路上飞速驰骋，却仍有大批男人还在大清遗梦里不肯觉醒。

他们理想中的妻子形象，应该是民间传说中的田螺姑娘：

她貌美心善，含辛茹苦，家务全包；

她体贴勤劳，一心付出，不求回报；

她洗衣做饭，生儿育女，侍奉打扫；

她最好是招之即来挥之即去，必要时，还能识趣地滚回水缸。

只可惜，这个时代的女人，只想自立为王，没人肯做田螺姑娘。

我特别能理解那些宁可单身也不肯凑合结婚的姑娘。

她们努力那么久，不是为了嫁去谁家当保姆。

她们工作那么拼，不是为了成为传宗接代的工具。

因为无论爱情还是婚姻，它满足的不再是生活需求，更多的是精神上的理想和富有。

是一起同频共振，是一同瞭望远方。

04

《我的前半生》热播时，许多人批判这部剧有毒，先是轻视全职太太，后是坑害无知少女，搞得女人只想着从天而降一个无所不能的贺涵。

我想说，你多虑了。

女人鄙视全职太太？一个真正的全职太太，比一家公司的CEO一点不差。

女人都哭着喊着嫁贺涵？先睁开眼看看，多少女人只想自己活成贺涵。

这世上最糟心的，不是纠结选择坐在宝马里哭还是自行车上笑，是有些男人啥啥都没有，还挑剔你“要啥自行车”！

很遗憾，他们恐怕只能继续活在大清遗梦里了。

结婚时有爱，离婚时有钱

> 痛苦在所难免，以泪洗面、肝肠寸断之后，
> 终究还是要抬起头向前走。

01

看到一位叫小K的读者留言。

她是一位尚在月子里的新妈妈。

这个时期的女人，原本应该是满心洋溢初为人母的喜悦，被全家关心呵护。而她却陷在精神的炼狱。

在孩子出生的第十六天，她发现老公出轨了。手机里的信息直接、大胆、露骨，字字句句如一把利刃将她的心彻底凌迟。

这并不是刚发生的事情，他们在她怀孕 5 个月时就已经在一起了。

她浑身颤抖着看完那些信息，天塌地陷，五内俱焚。

襁褓里的孩子还那么小，黄疸刚刚褪去，珊瑚色的四肢才开始蜕皮，露出粉嫩嫩的新生肌。而她，却因为悲痛难抑，奶

水骤减。

婆婆见她日夜哭泣，只以为是产后抑郁。因为远嫁，自己的母亲不能来照顾，月子全靠婆婆。

在出月子的前一晚，她再也撑不下去，向老公直面发问。

男人无可逃遁地承认了，承认那是他一直放不下的前女友。

而他与小K结婚，从一开始便勉为其难。婚后，当前女友来找他复合的时候，他毫无抵御之力。

他说："我也想对你和孩子负责，但我爱的是她，没办法。"

没提离婚，也不打算改过，言下之计很清楚，已经这样了，你看着办吧。

她犹如案砧上的鱼，大口急促地呼吸，却没有足以续命的氧气。

她哭着问我怎么办。

不离婚，婚姻形同虚设，男人隔三岔五彻夜不归。

而离婚，孩子那么小，她举目无亲，未来的生活怎么办？

我叹口气，给她发过去十个字：既然不爱了，那就利用吧。

别急着说我狠，现实比我狠多了。

02

怀孕生产，是一个女人身体上最虚弱、精神上最脆弱的时期，需要照顾呵护，而一个男人，公然在妻子孕期和月子里出轨，已将夫妻情分和道德良心碾得一点不剩了。

如果一定要让我说一条婚姻最重要的原则，那就是——结婚时要有爱，离婚时要有钱。

他当年跟你结婚，姑且就是权宜之计。忘不掉前女友，人家又不回头，只好用新人代替旧人。

结婚时没有爱，这是日后一切问题的隐患。你在自以为的爱里嫁了，怀孕生子，憧憬着一家三口的幸福生活，而那厢，前女友回来小手一勾，他就全然顾不得老婆孩子，屁颠屁颠地跟着去了。

你的孕吐煎熬、分娩痛苦、哺乳艰辛，都比不上他心中“真爱”的温柔乡。

到了现在这个关口，再跟他谈感情、责任、道义，都是自取其辱。

正视现实、争取利益，才是正事。

我不喜欢那些一听男人出轨就“渣男去死”“离婚让他滚”的言论。这种话，充其量只是看客过过嘴瘾，后面的日子你又不用替人家过。

离婚比结婚更需要资本。

你眼下的情况，显然不是离婚的时机。

你现在一时气愤离了婚，能得到什么？拖着虚弱的身体，婆婆很可能也不再帮你带孩子，更不会再伺候你。男人恢复了自由身，更方便跟情人逍遥快活。

而你呢？一个远嫁的女人，娘家相去千里，身后空无一人，干一份收入平平的普通工作，养一个嗷嗷待哺的孩子，艰难困苦，不亚于西天取经九九八十一难。

03

真正的强大，不争一时意气。

不要认为自己一败涂地，这个阶段，你尚有主动权。

哺乳期内，男人无权提离婚，提了法律也不支持。企业还不能辞退三期内的员工呢，更何况婚姻。只要你不主动要求离，他就离不了。

你现在需要做的，首先是养好身体，保住革命的本钱。多进补，少损耗，走到这一步，日后还有的是荆棘等着你去斩，提不动针拈不得线怎么办？林黛玉内心再强大，拖着个病恹恹的身子也白瞎。

他不回家就不回家，既然管不了，就任他去厮混。

让自己吃好睡好，花他的钱，住他的房。

婆婆能多帮你带一天孩子，你就能多一天喘息的机会，把腾出的时间和精力用在自己身上。

学一门技能，多寻几个工作机会，想办法提高收入。连马云都说“多学一样本事，就少说一句求人的话”，当下的卧薪尝胆，是为了日后不必忍辱含垢。

找一个专业律师，收集他出轨的证据，咨询好关于财产分割、孩子抚养权的关键问题。

等到万事俱备，你的精神和经济都强大到可以独立的时候，再谈离婚。

女人最大的弱点，是容易陷在情、理、法的混乱中，该讲理的时候动情，讲法的时候讲情。

你要清楚，真要打起离婚官司，法院只看证据，你付出的青春、承受的痛苦、交付的真心，都毫无用处。

爱早没了，或者从一开始就没有过。最后可以分割的只有钱。

这就是我为什么说“结婚时有爱，离婚时有钱”。

这个“有钱”，一方面是指你自己要有经济独立的能力，一方面是指你要争取你该得的利益。

不要残存希望他还对你有感情。

一个男人敢如此明目张胆地对你，说明他早已权衡过利弊——

如果你马上提离婚，他巴不得拍手称快，你收拾铺盖卷抱上孩子滚出去，正好给他的新欢腾位置。你若不肯离，他已是和盘托出，死猪不怕开水烫，吃定了你束手无策。

婚姻里遭受重创的女人，很多都是结婚时没擦亮眼，选错了人。

轻信他人、太过心软、优柔寡断，多少姑娘都曾无知莽撞，走过弯路上过贼船。你要搞清楚自己错在哪，才不致于再一次翻船。

既然结婚时懵懵懂懂，离婚就不应该再稀里糊涂。

你要学着决绝一点，收起妇人之仁，不要指望一日夫妻百日恩，不要指望所有人都能好聚好散，你要像一个精明的生意人，利用他所有能利用的方面，榨干所有可用的剩余价值。

心要硬，手要狠，这才是你应对残酷变数的利刃。

别指望最后关头男人良心发现净身出户把财产全留给你，玛丽苏都没这种剧情了。一切都要自己争，争取利益最大化，得到自己该得的。

痛苦在所难免，以泪洗面、肝肠寸断之后，终究还是要抬起头向前走。

自私这件事，与“直男”无关

> 别替自私的人开脱，别为冷血的人辩驳，
> 也别让“直男”替他们背黑锅。

01

某天中午接到小白打来的电话：“亲爱的，帮我订份KFC套餐送到家里，手机马上没电了。”

我问她：“你干吗呢？”

“我在医院挂水，急性肠胃炎。”

“那还吃KFC？”

“不是，我老公在家打游戏，我不回家他没的吃。”

“你在医院打吊瓶，他不陪你，你还得给他订饭？”

“没办法，直男啊，脑子简单……”

话没说完就断线了，估计手机彻底没电了。

如果再多给我一秒钟，我只想骂一句：“别再黑直男了行吗？这跟直男有什么关系？”

“直男”这个词是从什么时候兴起的？我特意去百度了下。

直男，指在任何情况环境下都只对女性产生爱情和性欲的男性，也就是异性恋男性。

直男是如今对于异性恋男性的一个特殊称呼，因为在英国常用Bent（弯曲的）作为同性恋的代称，而用Straight（笔直的）表示异性恋，直男的说法由此而来。

说白了，直男就是典型男人。

99%的直男，都极不擅长发散式思维，终其一生也难搞懂女人心。

他们习惯说话直接，看问题一根筋，尤其在感情方面，特别不会get到女人心里的那个点。

02

诸多事例，让女人们日渐习惯日渐麻木，跟直男们说什么，似乎总是对牛弹琴，鸡同鸭讲。

但可悲的是，有的女人开始走入误区，认为直男就是——

天生不体贴、不细心。

不会关心人，脑子缺根筋。

总是想不到，永远做不好。

就像小白这种傻姑娘，自己肠胃炎拉得脱水，老公跟没事人似的在家打游戏，她竟然大度宽容地理解为直男头脑简单，考虑问题不周全。

这是想把我们这些用机智双眼看穿一切的姐姐活活气死吗？

曾经还有一次，另一个女友要去妇产医院做人流手术，而她老公呢？打车把她送到医院门口，挥挥手说了句“小心点”，然后扬尘而去，直奔机场，飞到广州看球了。

女友也是同样的论调，直男没办法，球赛大过天。

这跟直男有什么关系？

直男可能情商低，可能不浪漫，可能直肠子，可能会眼慢、嘴笨、手拙，但绝不是这种自私、无情、冷血。

廖一梅曾说：“大家顶着爱这个词，干尽了人间丑事。”

多少人打着直男的幌子，不过是掩饰自己的自私。

让老婆独自去打吊瓶，不去照顾，这叫想不到？

让媳妇一个人去流产，不肯陪伴，这叫情商低？

这不是直，这明明是渣。

03

我也嫁了一个直男。驴唇不对马嘴的对话在我家天天上演。

我也曾有多少次，被这个一根筋的家伙快要气成内出血。

但他再怎么直男，再怎么情商低、嘴巴笨、理解力差，也知道给我最起码的关心和爱护。

他应酬到半夜喝多回来，怕打呼噜影响我，会自觉去睡客房，但睡前一定会到卧室看看我。

我一个人坐晚班机出差，他一定要确认我平安到达才睡觉。

我想要的，我期望的，他即使做不到，至少也肯尝试着去改进。

闺蜜F的老公也是直男，我们姐妹聚会讲笑话，他完全听不懂也反应不过来，只会坐在旁边嘿嘿地傻乐呵。

前段时间F怀了二胎，11周的时候发现没有胎心只好流掉，她老公一个五大三粗的大男人心疼得直掉泪，恨不能替她去刮宫。

为了照顾老婆，他煲汤做饭，还趴在床前笨嘴拙舌一遍遍地对F说："不是你的问题，肯定是我的精子质量不好，连累你受苦了。"

同为直男，但差距就是这么大。

能不能分清葫芦海绵不要紧， 认不认识YSL不重要；就算他听不懂笑话，但他听得懂人话；就算他不怎么开窍，但他知道长心；就算他永远一根筋，但他懂得心疼人。

04

网上有个关于直男的回答——

假设你买了一件自己很喜欢的新衣服。

情商低的男友会说：你穿这件衣服挺难看的。

不浪漫的男友会说：饿了吗，我给你煮碗面吃吧。

典型直男会说：嗯！好看！（动作：头都不抬）

直男癌会说：你买漂亮衣服做什么？还不是为了勾引男人？

直男与渣男，一字之差，天壤之别。

直男是，他愿意去做但不懂怎么哄你。

渣男是，他什么都不做但你还得哄他。

拜托，别再把“直男”这个词当破筐，什么自私自利的行为都能往里装。

好像只要跟直男沾个边儿，所有薄情寡义就都可以被原谅。

自私就是自私，冷漠就是冷漠。

人心都是肉长的，对一个人好还是坏，傻子都分得出来。

别替自私的人开脱，别为冷血的人辩驳，也别让“直男”替他们背黑锅。

人都习惯给自己找理由开脱。

那些声称自己天生粗心、不会照顾人的自私男，怎么从没见他们亏待过自己呢？

那个男人那么好，是因为另一个女人的打造

> 比有爱更重要的，是我们作为一个人，
> 亮堂堂的人品，坦荡荡的灵魂。

深夜，一位读者加了我的微信。

她上来就说："请你骂醒我。"

她是外企主管，爱上了一个有妇之夫。那原本是她的业务合作方高管，两人在一次公差途中渐生情愫。

他成熟睿智，豁达慷慨，给予她事业上不遗余力的支持，生活上尽其所能地关照，资源上倾尽全部地共享。从业务合作，到吃饭聊天，直至爱得电光石火，频频找机会一起出差。

她见过他的妻子，一位普通的机关公务员，接送孩子，照顾家庭，和所有普通妻子并无二致。她对这个无辜女人有过内疚、愧悔，可一切都抵不过排山倒海呼啸而来的爱情。

他们很克制，尽量减少在同城约会，身边人都不知道这个秘密。唯有借工作双双飞往外地，春宵苦短，抵死缠绵。

她说："我知道我可能就是你们情感作家眼里最看不起的那种女人。可我也有爱情。我从来不想破坏他的家庭，也不想伤害他的妻子，我不会要求他离婚。可我们是真的相爱，我甚至想过，我不要未来了，就这样爱着他吧，就算以后后悔我也认了……"

姑娘大段大段坦诚的文字，却让我感觉一股悲凉之气堵在胸口，如鲠在喉。一个优雅行走的高阶丽人，一个光鲜体面的都市白领，却为了一份"真爱"，成了一个小三。

以前我们主观地认为，小三要么是毫无廉耻只求包养的拜金女郎，要么是胸大无脑魅惑众生的妖艳贱货。但后来林林总总的真实案例证明，拥有高学历高收入却成为小三的女人并不在少数。

她们不是傍大款的女人，也不是被豢养的情妇。

她们拥有体面的工作，不菲的收入，高品质的生活，可越是如此，她们更加看不上同龄的男性——幼稚、肤浅、不成熟、愣头青，毫无男性魅力。反倒是那些经过岁月洗礼的成熟稳健、有见识、有气度的男人，越容易成为吸引她们的罂粟。而这种男人，往往都已婚。

前几年，一部《蜗居》让大半个中国的女人都被宋思明圈了粉。

还有大量女青年羡慕海藻，遇上这样的男人，做小三也值了。

真的值了吗？看看宋思明回家后是怎么对待宋太太的就知道了。

我们这种经历过婚姻的女人，对这种完美人设最多也就意淫那么一小会儿，然后关起门来，日子该怎么过还得怎么过。因为我们都知道婚姻是怎么回事了，都知道那些女文青眼里魅力无限的已婚男人是怎么来的。

我来告诉你吧——

每一个已婚男人的魅力，都离不开他背后功不可没的妻子。他所有的成熟，都是他媳妇用眼泪和争吵调教出来的。他所有的稳重，都是他老婆用长期磨合反复实践积累来的。

同样，他所有跟你花前月下的闲工夫，也都是他太太温良恭俭持家有方给他腾出来的。他在你眼中的风度翩翩，其实恰是他家中那个人生伴侣的实力体现。

他那么好，是因为他经过了另一个女人打造。你只见到他品位出众、谈吐潇洒、见识广博、细心体贴的A面，却不曾见过他四体不勤、五谷不分、不事稼穑、偷闲躲静的B面。

你面前温文尔雅、风度翩翩的男神君子，回到家也是个四仰八叉打呼噜的抠脚大汉。你回去看看你家二叔三舅大姑父，有什么可迷恋的吗？一个个世俗男人罢了，要是哪个小姑娘看上他，你会觉得真是瞎了眼了。

其实你也一样。他之所以好，是因为得不到。

你们爱得山崩地裂，是因为无法在现实里柴米油盐。真要居家度日生火做饭你试试？你会发现，男人所有的毛病弱点，他一样不落都占全。

这世上，从来不缺“罗敷无夫，使君有妇”的案例。缺的是，还君明珠的坦荡磊落、大义凛然。

人人都觉得自己无辜。小三都觉得自己也是受害者。因为每个人都有一个“大我”和一个“小我”。什么是“大我”？比如一提历史上的屠杀事件，我们都会同仇敌忾，这时，我们的“大我”就都出来了。

什么是“小我”？今晚领导要你加个班，做个着急的项目方案，你的“小我”就出来了：“凭什么是我？张三李四王五怎么不加？”

很多人，评价起别人头头是道，“大我”立现：出轨的男人都是渣，勾引别人老公的女人就是贱，婚外情不会有好下场。

而到了自己身上，就变成了双标，“小我”蹦出来狡辩：他和别的男人不一样，我们是真心相爱的，这份感情和出轨不同。

每个人都认为自己的爱独一无二。用爱的纯粹、深重、与众不同，来区别于那些违背道德、被人不齿的出轨婚外情。自欺欺人罢了，没什么本质不同。

他的出轨，与真爱并无多大关联，只是欲望使然。貌似是在追求真爱，其实只不过是抵御婚姻的平淡。你的无悔，并不是勇敢和无畏，只是对自我认知的迷失，和窃取他人果实的隐隐快感。

做小三的女人，不是没有自责和痛苦。午夜缠绵过后，男人起身穿衣，急急回家，你空守半铺余温，数次长夜痛哭。多少佳时节日，他备好鲜花礼物，转身去陪妻儿父母共叙天伦，你接过快递，替自己轻贱不值。还有那些春花秋月良辰美景，你只能微信传情，永远痛失牵手走在阳光下的资格和底气。

你觉得，你已经很委屈很隐忍了。比起那些厚颜无耻发诅咒短信的、比起那些珠胎暗结上门逼宫的、比起那些明目张胆勾肩搭背的，你已经人畜无害了。

你以为，你没有要求他离婚，没有破坏他的家庭，没有伤害他的妻子，就可以理直气壮问心无愧了。事实上，你的存在，本身就是一种伤害。

以前，我很不喜欢那些动辄痛骂小三的已婚女人，觉得她们狭隘、粗俗，不独立，有本事骂男人去啊，只会骂女人算怎么回事？！随着接触太多身边人和读者的案例，我也能理解她们。因为被婚外情破坏的家庭太多了。

多少妻子因此夜不能寐痛苦噬骨，多少孩子痛失完整家庭无助哭泣。男人当然罪不可逃，可悲的是，女人也在明知故犯推波助澜。

我写过很多关于女人无爱不欢的文字。

但这不能忽略一个前提——

比有爱更重要的，是我们作为一个人，亮堂堂的人品，坦荡荡的灵魂。

无论你多深爱，小三也是个不齿的存在。

她沉重的过去里，有不为人知的代价和苦难

> 我不能决定怎么生，怎么死。
> 但我可以决定怎样爱，怎样活。

01

一个朋友经常看我的公众号，上周见面，她开门见山直言不讳：

“我就纳了闷了，这世上怎么有那么多傻女人，男人渣成那样还能忍？要是我，别说赌博吸毒，他要敢出轨，立马给我光着腚滚蛋，敢家暴，我找黑社会卸他一条腿！”

她义愤填膺，霸气外露，对所有隐忍的女人抱有一种别样的恨铁不成钢。

其实不光她，很多人都无法理解，怎么一个男人渣成那样，一段婚姻糟成那般，还是有女人宁肯抱残守缺，卑微到泥里抬不起头来，也不敢反抗不敢忤逆，不敢给自己一个重生的

契机，看得人直替她着急。

就像以前看电视剧，主角明明被别人误会，自己却缄口不言，导致误解越来越深，引得观众纷纷喊："说呀，你倒是快说呀，把真相说清楚不就行了吗！"

我们看别人的经历，就像看电视剧，我们以为只是一句话的事，一咬牙一跺脚，什么大不了，活人还让一泡尿憋死？

可是于当事人，却是千沟万壑，如临天堑。

我以前也特别不能理解这种女人，痛骂离不开渣男的闺蜜没骨气：离了这个男人你能死吗？

那时候我不懂得，每一个人走到今天这一步，都不仅仅是"遇人不淑"。

这背后有一个更大的、更隐蔽的成因。

02

玫是我的小学同学。

当年她的父母在学校附近开小卖店，爸爸酗酒，喝完了就打她妈妈。我们上学路过她家小店，经常能看到她爸爸揪着妈妈的头发打，有一次直接拿酒瓶砸在她妈妈头上，血流如注，邻居齐齐劝架才拉住。

她妈妈是那种传统的家庭妇女，对丈夫只有认命和忍耐，对孩子只能抱怨和发泄。

她自小就是家中的出气筒。爸爸打妈妈，妈妈打她。

“这破日子早过够了，还不都是为了你！”

“你还有脸哭？让你那个死爹扇你两巴掌试试！”

“挣这点钱还得供你上学，真是赔死了！”

她的整个成长记忆，都是忍耐、听话、讨好。

她没有反抗的资格，没有选择的权力，后来考了中专离开家，从此在外打工赚钱。

据说，她19岁就跟那个男人在一起了。他们在同一家工厂打工，对方比他大几岁，对她很好。她很快搬离工厂宿舍，和他在外租了房子。

她给他洗衣做饭，把工资都交由他保管，掏心掏肺地对他好。

但过了不到两年，她发现男人越来越像他爸。同时跟几个厂妹撩骚，晚上跟狐朋狗友喝酒，喝多了就回来骂她，把她贬得一无是处。

说她不是处女，扔出去都没有男人会要。说她天生命贱，一张晦气脸。

直到某夜酒后，她和他大吵一架后准备出走，被男人一个巴掌重重打在地上。

她发现，她曾经最痛苦的记忆，又鬼使神差地回来了。

她不敢反抗，无力改变。她知道这个男人很渣，很滥，但依然习惯性服从、依赖、听话。童年时对待父母的模式，原封不动地复刻到了这个男人身上。

结婚八年，她流产三次，被家暴打到住院两次，其中一次肋骨骨折，一次右眼球血管破裂。

去年，她爸爸因肝癌去世。在葬礼上，她妈妈一滴眼泪也没流。只对她说了一句：这些年，这个男人对不起我，但我最对不起的是你。

她在那一个瞬间崩溃，号啕大哭。

她终于明白，她这些年在婚姻里，一直都活成了她妈妈的样子。忍辱负重、战战兢兢、诚惶诚恐。

她的内心，从来没有得到过爱，也从不相信自己会得到爱，那个男人曾经对她一点点好，她便视为救命稻草，舍身割肉无以为报，只有死死抓住这个男人，只要不被离婚，不被抛弃，那个家哪怕是炼狱她也要待下去。

处理完爸爸的后事之后，她看着已经五岁的女儿，想着自己惶恐煎熬的半生，终于决定，不再让女儿重蹈覆辙。

听她的经历，让我无比心酸。

我们说一个女人“窝囊、无能、没出息”都很容易，但却没人能看到，这些表现背后一个巨大的黑洞，那是她内心深深的恐惧。

一株没有根的植物，难以长出粗壮的枝和茂盛的叶，她没有先天的养分，只能在恐惧里依附、攀缘、寄生。

只有当她看到这份恐惧，敢直面这份恐惧，她才可以重新活一次。

只有将那些不曾拥有过的自信、自尊和爱，一点点补给自己，从此才拥有创造生活的能力，和主宰命运的勇气。

03

前几天收到一个叫“未央”的姑娘留言，她25岁，做平面策划。她告诉我，她曾经谈过三段恋爱，均以分手告终。

原因都是：她妈妈不同意。

第一任男友，妈妈嫌对方工资低，没出息。

第二任男友，妈妈说对方不靠谱，以断绝关系相逼。

第三任男友，长得帅工作好，妈妈又嫌人家个子矮。

我刚开始以为，未央的妈妈和所有溺爱女儿的母亲一样，自小把孩子当公主宠大，交到哪个男人手里都不放心。

其实事实恰恰相反。

从小到她，未央都活在妈妈的控制里。小到穿什么衣服、留多长的头发、大到升学择业、工作安排，她都要求未央无条件服从。

未央有个弟弟。她初中毕业时，爸妈提出要拿钱盖房子，因为不盖房子弟弟会娶不到媳妇，果断要求她放弃高中。

她常年忍着父母对她和弟弟的不公平待遇，被训斥、被打压、被无视。她边工作边进修，努力提高自己的学历。在有了人生第一笔小积蓄之后，她被父母要求把钱借去给弟弟买车。

其实哪里是借呢？她心里很清楚。

整个记忆中，妈妈对她只有不满、讥讽和数落。

她谈过的男友，无一不是因为妈妈的插手而终结，而当对方结婚后，妈妈却反过来奚落她："这么好的小伙你不留不住！笨死了！"

父母对她说的每一句话，永远带着嫌弃和威胁。

"你以后不要和你弟媳妇一起生孩子，到时候我没空去照顾你。"

"你以后不要靠我帮你带孩子，你弟还没结婚，我要赚钱给他结婚，就算他先结婚，我也要带他家的孩子。"

"家里面什么都是你弟的，你要自己找个有房子有钱的，不然我也没什么东西给你。"

"这个年代我们村当外婆的人帮忙带外孙都是给钱的。"

未央说："每次他们一生气，就对我说不要回家之类的话。其实我从来没敢把那里当家，毕竟他们早就说过什么都是我弟的，我又有什么资格敢把那里当家呢？"

看完她长长的留言，我心里特别疼。

没被富养过的孩子，没被真正爱过的女儿，要在感情路上跌跌撞撞，走多少弯路，吃多少苦，才能得到真正的幸福？

因为苦了太久，有人稍给予一点甜，她们就飞蛾扑火，无以为报。

我们总是对那些在男人面前一味妥协忍让、在感情里只会牺牲和奉献的女人咬牙切齿恨铁不成钢。

道理当然人人都懂，但你以为她是怎么做到的？难道有人生来就愿意对男人跪舔、天生就喜欢委屈成全的吗？

不，是在遇见那个男人之前，她的父母，已经对她完成了驯化。

这世上，有太多“未央”这样的姑娘，不曾真正被爱过。

没有被爱过的人，如何知道什么是爱，如何懂得正确爱人，又如何明白怎样爱自己呢？

那一点点甜，不管是套路还是伎俩，她们都认定是天堂。

被家暴的她以为会改。

被出轨的她以为会好。

你骂她傻，笑她蠢，可那一点幻象，是她的世界残存的希望。

04

无论是已经决定结束婚姻的玫，还是尚未走入感情的未央，每一个自小缺爱的女人，穷尽一生都在寻找爱。

要弥补这份先天的残缺、要确定自己值得被爱，是一个千辛万苦的过程。

但无论如何，我们只能对自己的人生负责。

对过去全然接纳，对现在勇敢说“不”，我们都要明白一个事实——所有原生家庭对你的亏欠，你只能自己补给自己，自己成全自己。

而对那些依然在感情里卑微、懦弱、全无自我的人，不必耻笑她们不够强大，也不必一味强灌鸡血。

每个人都独自背负着沉重的过去，那里面有不为人知的代价和苦难。

逆袭的故事当然好看，但每个人的重生都需要积攒力量和机缘。

或许是一场失败感情的终结，或许是一次生离死别的心伤，或许是一次对过去的宣战，也或许，只是某一个直击内心的瞬间。

汤唯在《黄金时代》里有一句台词:

“我不能决定怎么生，怎么死。但我可以决定怎样爱，怎样活。”

无论什么时候，都不晚。

每个人一生，
都有一个被爱的箱子等待填满

> 一个敢于成长的人并不是再无烦难，
> 而是越来越相信自己有能力去应对这些烦难。

01

打开后台咨询留言，看到一个熟悉的名字小J。

她是一位资深读者， 生在一个重男轻女的家庭，因为是女孩，奶奶迁怒于妈妈，父母也不喜欢她，妈妈经常拿她出气。她从小都活得小心翼翼，生怕说错一句话惹父母和奶奶不高兴。

她说，她读了我之前推荐给她的几本书，但还是自信不起来，不敢交朋友，不敢谈恋爱，怕遇人不淑，每天活在患得患失、焦虑重重的状态里。

她让我想起了曾经在微信上给我留言写了一千多字的读者柠檬。

小J和柠檬的故事，可能是很多在成长路上困顿挣扎的女性的缩影。

柠檬28岁。自小因为患病，被同学排挤、羞辱。家中因为生病花了很多钱，妈妈经常打骂她，甚至让她去死。

上高中后，班主任污蔑她早恋，妈妈不问缘由，对她一顿暴打，这一切都在她心里留下了挥之不去的阴影。她甚至在16岁的时候有过多次自杀的念头。

在大学期间，柠檬有了初恋，大三时把第一次给了他。

但后来发现，男生很花心，总有些莫名其妙的妹妹和说不清的电话，柠檬决心分手，妈妈却质问她，是否与其发生关系。

柠檬承认有，妈妈不由分说，强制他们结婚："都这样了，以后谁还要你，他工作还可以，赶紧结婚吧！"

毕业后经历了一波三折后，柠檬还是服从了妈妈，结婚了。

婚后她发现，在结婚的前一个月，男方还在和另一个女朋友同居。

02

那场大吵后，刚刚怀孕的她流产了，心也跟着孩子一起死去，她顶着全家人的反对离婚，净身出户。哪怕前夫曾向她父母借的19万，没有证据可能要不回来。但她仍然坚决离婚。

柠檬在微信中对我说：

那段时光真是我人生当中最阴暗的日子，前夫一边祈求我不要离婚，一边把我们共同按揭的房子换锁并登记到他的名下，一边辱骂我的父母和我，还在他所有朋友面前倒打一耙说我嫌贫爱富要和他离婚。那段时间我不仅承受了家人的责备和不解，还要承受他朋友的拷问谩骂，我什么都没说，有时半夜突然就哭醒了。直到现在我依然不后悔离婚。

我背负着一身债开始了漂泊的生活，现在28了，却依然租房住，离婚后我也谈过两次恋爱，大部分追我的人就见过我一两次就说喜欢我，要我做他女朋友。我觉得他们都不是真心的，现在我始终打不开心结，觉得自己是不是不配拥有幸福的爱情，自卑的种子在心里生根发芽。同事也说一定是我要求太高了，所以看不上别人。

我是个不善言辞的人，平常不爱说话，他们都认为我很高傲，其实我只是不知该如何跟她们搭话，我从来都没有看不起他们的想法，并且我内心非常自卑，所以大部分时间都很独立，我不喜欢向人们展示我的脆弱，也不喜欢用自己的事去麻烦别人，所以同事们和我总有距离感。我真的很苦恼，我无法拥有甜蜜的爱情，同事也和我有距离感，不会很亲密，父母也着急我28了还没找到归宿。我真的觉得我一无是处，我真的好想彻底放下过去，做一个温暖无畏的人，桃姐你能告诉我该怎么办吗？

小J和柠檬，面对都是一个核心问题：自卑。

而自卑的根源， 说到底，是爱与安全感的缺失。

被爱，是每个人一生最重要的需求。

这项需求的满足，首先来源于父母。

小J因为是女孩，不被亲人喜欢。

柠檬因为要花钱治病，不被父母接纳。

从小得不到父母的爱与肯定的孩子，始终活在心无所依的动荡里。

除了父母，在一个人的孩童到青春期，老师和同学也对自我概念的构建影响重大。而像柠檬这样的姑娘，先后被同学羞辱，被老师污蔑，被妈妈暴打，一次次身心受创。

不被爱，是自卑的根源，也是低自尊、低自我价值的根源。

但原生家庭没被好好爱过的人，就注定要遭遇渣男、注定过不好这一生了吗？

不。

原生家庭的概念以及影响，让很多人找到了自我问题的根源。

但是，归因从来容易，改变才是勇气。

所有的溯本求源，都是为了找到症结后采取行动，而不是对这个缘由甩锅：“看，我今天这样全是我的原生家庭害的。”

如果不能突破这一点，就无从谈成长。

03

这世上有太多像柠檬和小J一样的姑娘，包括我自己，都曾经活在深深的自卑里。

所谓成长，就是我们不断地对自己的自我进行升级，就如同，我们不断抛弃小时候已经不再合身的旧衣，重塑自我概念，真正对自己负责。

重建认知

我曾经在文章中写过，三十而立，立的是什么？

不是家业，而是自我。

小J的沮丧恐惧、柠檬的外表高傲内心自卑，都是自我在过去的经历中建立起的防御模式。

而想成为真正的自己，活成自己想要的样子，第一步就是重建认知。

清晰地认识自己，接纳与认同自己，主导自己对自己的评价。

我是一个什么样的人，我想成为一个什么样的人，我需要怎么样做到。

为自己设置一个想完成的目标。这个目标只与自己有关，与他人期待无关。

比如柠檬，不需要为了妈妈而设定“28岁嫁出去”这种目标，而是遵从自己的内心，去为自己想要的结果而努力。

这个目标，可以是通过一次考试，可以是完成一次晋升，可以是掌握一项技能。

它只关乎你自己。

立即行动

我几乎会对每个迷茫的咨询者说同一句话：去做。

现在，立刻，马上。

针对你的目标，去行动，去做。

不自信，就是不信赖自己有足够的能力。能力来自于尝试和实践。最终成功完成的结果，会形成自己对自己的认同。

找到自己缺失的能力，补充它，强化它，使用它，积累它。

由易到难，由少到多。

当能力被肯定，就能成为自信。

承担责任

每个不曾被爱的孩子，都会在孩童时期就建立起自己的心理防御机制，像小J，可能选择的是逃避。像柠檬，曾经对妈妈是讨好。我们要承认这些模式在当时是有一定正面意义的，它会使一个孩子的心理得到暂时的平衡。

但它同时也令人痛苦。

正因如此，一个人在成年后就要承担自我的责任，无论曾经经历过什么样的家庭、际遇，都不能逃避在成年之后，促进自我成长的责任。

自卑，就是自我发展不成熟的结果。

对自己负责，就是“我可以为自己做什么”。

因为痛苦，所以改变。

打破消极的认知，把聚焦从外在转向自己。

思考，实践，复盘。收获就会随之而来。

只有我们实实在在做出改变，所谓成长，才不再是镜花水月，不再是隔靴搔痒，而是真正属于自己的，快乐充实的人生体验。

每个人一生，都有一个被爱的箱子等待填满。

曾经的凄楚、仓皇、不被爱，都只是一个因。

它不是必然只能有痛苦的果。

即使走过暗夜，遇过渣男，谁不曾在低谷泥泞里绝望。无论小J还是柠檬，敢于面对，就已然是勇气的一大步。

接纳，觉察，行动，改变。一个敢于成长的人并不是再无烦难，而是越来越相信自己有能力去应对这些烦难。

生老病死，苦辣酸甜，都是我们一生无可替代的体验，都会伴着我们，将那只箱子一点一点填满。

从此你懂得——

疾风骤雨，也可华枝春满。

离合悲欢，亦有天心月圆。

桃心话

◇

01

讲述：

桃姐，我人生中的第一个男人是个已婚男，也是我的老板，他第一次把我压倒的时候吓得我大声哭喊，他看我挣扎最终放过了我。

因为公司的管理模式我们经常会一起吃饭，有很多机会在一起，每次都感觉很微妙。他不是恶人他是个好人，我们很同频很多事情的想法都是一样的。那件事之前我把他当成神一样的存在，纯粹地敬重他欣赏他，但是我不知道他为什么会对我有想法，他一次又一次地接近我，但是我知道这不可以。

他告诉我只要享受当下的快乐就好，每次跟他在一起聊天确实很快乐，但是快乐过后我总是充满罪恶感。

我第一次和男人拥抱，还有我的初吻都是和他。但是我没有把我的第一次给他，他也没有强要。经过一次又一次地接触，我发现自己爱上他了，一年多了，整个过程我是恐惧和纠结的，很痛苦，要离开却舍不得，他现在也不想再继续了，他说："情况你很清楚，只是你不愿意走出来。"

我每天夜里哭，失眠睡不着，吃不下饭。是的，我知道，我都知道，不可能会有结果的，但是真的好痛苦好痛苦，想着之前的美好，真的放不下。我从来没想过让他离婚，或许我只是贪恋他对我的宠爱。我不知道该怎么办，我不怪他，我知道是我自己的问题，但是，此刻我真的好痛苦，我不想再哭了不想再失眠了，我想知道我该怎么做才能让自己重新活过来！我该怎么做才能不受他的影响自信地工作，我该怎么过去……

回复：

一个女性，从青涩女孩到成熟女人，中间要经历许多考验。

已婚男人的诱惑，就是其中一关。

我听过很多和你类似的，女孩爱上男上司的故事。

这也不能怪你们。

一个涉世不深的姑娘，面对危机四伏的社会、兵慌马乱的职场，多少难言的孤独委屈心酸。

而此时身边出现了一个成熟沉稳、耐心提点、如兄如父的男人。

他阅人无数，却独独对你青眼有加。

他位高权重，却单单对你关怀备至。

他压力重重，却偏偏对你关照呵护。

他的阅历、经验、见解，都是对他魅力的加持，太容易让少女心沉醉不已。

你也是这样陷进去的吧。

你说，把他当神一般尊敬和崇拜，殊不知，这是男人最好的催情剂。

他为什么敢直接冒犯你？就是因为看到了你的花痴眼神和小鹿内心，拿准了你被冒犯之后的羞耻和迷乱，吃定了你纠结背后的泥足深陷和欲罢不能。

第一次，在你的激烈反应之后，他没有强行睡你，因为他怕撕破脸，于是换了策略，迂回征服。

他不断接近，不断试探，不断在你面前展示他的成熟、风趣、博学、智慧，让你迷恋，让你沉醉，让你身不由己。

直到哪一天，你主动呈上自己年轻美好的身体，作为对他，最好的朝拜。

很庆幸，你虽然在感情上沉沦，却守住了最后的底线。

他失算了，一年多都未能得手，他恼羞成怒，于是不想继续。

在他还觉得有希望让你心甘情愿臣服于他身下的时候，他满心温存，告诉你“享受当下的快乐就好”。

在他迟迟未达目的，失去耐心之后，又变成了“情况你很清楚，是你不想走出来”。

其实情况是他最清楚。

他从头到尾，就是要你的身体，而不是你的感情。

而你偏偏投入了感情，不给他身体。

一个已婚男人，要一个小姑娘的感情干什么？不能吃喝不能变现的烫手山芋而已。

他要的，是品尝鲜嫩多汁的肉体，享受你的崇拜和依赖，维持他的自恋和满足。

你让他失望了。这么久，还苦苦坚守不肯交付身体，他内心OS了千百遍：“太难睡了！”

鸣金收兵不再恋战，扔下你苦苦追忆独自凌乱。

已婚男人对小女孩的招数，说穿了也就那几招。

只不过你和他段位相差太大，极不对等。在他面前，你是一条透明小溪，而他却是深不可测的海。

所以你看一切都是真心都是美好都是留恋，而我这种熟女+局外人看来，一切都是套路都是伎俩都是演技。

已婚男人，尤其是事业上有点成就的已婚男人，为什么喜欢找年轻单纯的女孩？

有人说因为有钱了。当然钱和身份地位是一个方面，他们更需要的，是在白纸般的年轻姑娘身上，获得自恋的满足和魅力的印证。

他的家中发妻，与他白手起家，见证过他所有的青涩毛躁，幼稚愚蠢，卑微贫穷，她记录了他的过去，在老婆面前，他装不了。

他必须寻找新的猎物，以一个完美成品的标准，出现在她的面前。

他手段老练，收放自由，尽情挥洒人设魅力，指点江山，普度少女。他在那些更年轻的女孩身上，弥补自己的遗憾和失去的青春。

时空重叠交错，他终于在年轻身体和娇艳脸庞间，在女孩的痴迷和膜拜里，一洗当年一无所有的耻辱。

对女下属下手，是成本最低的艳遇。几乎不用出钱，用他的权力和经验就可以。

你以为那是爱，事实上，那只是他的成本投放。

如果，在他第一次压倒你的时候你就报警，你看还是不是真爱？

如果，在他要你“享受当下的快乐”时，你让他出钱买房，你看还是不是真爱？

如果，在他想要脱掉你的底裤时你说“离婚娶我”时，你看还是不是真爱？

人性很复杂。我们很难说一个人是个绝对的好人或恶人。

也许对别人，他是个德高望重的好上司。

也许在家里，他是稳重负责的好父亲。

也许男人的一半是好人吧。

但在你这里，他就是一个油腻的出轨男。

收起你的羞耻和迷乱，重新定义你的职场。

如果继续留下工作，需要强大的心理素质，坐怀不乱，把该学的业务学到手，把本事长自己身上。

如果做不到，那就干脆离开，上哪找不到一份工作？春光大好，风华正茂，别拿一棵歪脖树当整片大森林了。

02

讲述：

我和男朋友在一起已经快三年了，男方平时脾气有点大，发起火来就收不住，导致吵架时说话就放狠话，口无遮拦，“滚”这一类的话就轻而易举地说出口。

我们今年研究生毕业。他平时待我很好，但还是会有些直男癌，大男子主义的样子。这次吵架也是因为他在忙事情，我过去找他，他当时就对我说，你有事就说事，没事就先回去，我在忙！语气很不耐烦，让我有点难堪。我想，我可以多多理解你，因为你在忙，可是事后忙完了不应该有个态度，问我今天找他是不是有什么事吗？我很生气他的不耐烦，更生气他事后没有做善后工作，不懂我。两个脾气不合的人到底还能不能继续在一起？

回复：

首先，有必要给你科普一下大男子主义和直男癌的区别——

大男子主义：基于自己的男性身份，强制赋予自己某种义务。

直男癌：基于自己的男性身份，强制赋予自己某种权利。

现在，你可以对比一下了。

大男子主义，是他行使权利的同时也在履行义务，在他的意识里，你是他的女人，你的一切也是他的责任。很多女人喜欢这种男人，因为被保护，可依赖，为此牺牲一点自由，吞咽一点委屈，觉得值得。这就看你自己怎么权衡了。

最怕的，是打着大男子主义旗号的直男癌。

只享受，不付出。只行使权利，不承担丝毫责任。

一切只因你是女人，你就应该忍气吞声忍辱负重，而他呢，我是男的我最牛。

嫁给直男癌有多悲催，不用我多说了，你去网上搜一下，一把一把的血泪史。

在一起快三年了，对方是人是鬼，也该认得清了。

03

讲述：

我今年十九岁，他算是我的初恋，因为我的所有的第一次都给了他。快一年了，他变化越来越大，他发起火来的样子真的很可怕，近乎疯狂。他发火的原因很简单，就是因为我错了，无论大事小事。我说不过他，也不敢说什么。拿不起也放不下这段感情，虽然从来没有人这样对我发过火，但也从来没有一个人这样爱过我。

回复：

安全感和自我价值感不足的人，特别害怕失去。

即使面对一个错的人，面对一份千疮百孔的感情，也宁可抱残守缺，忍耐着，煎熬着，在这份痛里苦苦沉迷。

这一切不是你的错。想必你在原生家庭里得到的爱也不算多。你太渴望爱了，太留恋被爱了。遇上一个肯给你一点温暖的人，你就飞蛾扑火把一切都献上，只想满足内心深处这份渴望。

19岁，路还很长。多读书，多成长，可以多读一些自我成长类的书，如果有条件也可以借助心理咨询帮助自己的成长。活成你自己，就不会在爱里这么迷茫，这么忧惧，这么受伤。

04

讲述:

三十多岁的我有一个美满的家庭，我和老公都在国企，工资不高但生活滋润，有一个可爱的宝宝，但平静的湖面下暗流涌动。在我结婚之前我的娘家条件还行，后来被弟弟败光了家产，我是净身嫁到婆家的，婆家这边条件还可以，给我们买了两套房、一辆车。婚后两年多，弟弟几乎每个月都会从我们这借钱，先后借了五六万，开始老公什么也没说，借就给，但从今年开始已经有怨言了，不想再借了，为此我们常有矛盾。现在特别怕收到弟弟的电话，我既心疼他找不到钱，又不想再因为这事跟老公吵架（弟弟算是浪子回头吧，现在正在做一个项目，但是前期需要投资）我真不知道该怎么办了。

回复:

很多当姐姐的女人，对弟弟特别溺爱，一半是姐，一半是妈，总感觉自己对他有负不完的责任。你也是。

结婚两年多，每个月都要借钱给弟弟，我是你老公早忍无可忍了。

你以为这种做法是出于亲情， 其实不是。一来你对老公不负责任，他没有对小舅子有这个义务。二来对你对弟弟也不负责，继续把一个老大不小的小伙子惯成一个没有担当的人。

自古救急不救穷，救急还得分人分情况呢，他的人生应该由他自己来承担。

一句话：浪子回头金不换，情义千金姐不欠。

05

讲述：

我是一个学人力资源的实习生，因为没有经验，很多公司不招，该不该转销售或者其他岗位。但是又想在人事这块学到点经验，很多人都让我去做销售，我该怎么选择？

回复：

想做HR，就别挑三拣四，从最底层做起，从头学经验。

你又不是诸葛亮，还等着人家三顾茅庐啊？

PART 4

一个女人的成熟，就是最牛的整容术

◇

唯有一份真实的爱与宽容，

才是我们行走红尘的铠甲，

抚平内心酸涩，

翻越岁月山河。

好女人是所好学校，但你不必收学渣

> 婚姻里的成全，是双向的。
> 男人需要女人的支持，女人需要男人的滋养。

01

同城的女友火急火燎地找我，说要带她老公约我一起吃个饭，让我和她老公聊聊。

我吓得虎躯一震，赶紧声明：情感调解节目我不接哈。

她开始诉苦，一诉诉了半小时。老公是个直男癌，就因为她不肯辞职带孩子，这两年对她百般挑剔，三天一小吵，五天一大闹，动辄就是“女人不顾家娶回来是干什么的？”“洗衣做饭算什么，某某家老婆还敲腿捶背擦鞋油呢”。

这几年，她用尽了各种方法，温柔的，强硬的，撒娇的，讨好的。但人家雷打不动——万事都是你的错，老子就是这么牛。顽固执拗，刚愎自用，油盐不进。

她给他转我的公号文章，男人嗤之以鼻：“这种文章就是专门教坏你们这些女人的。”

她提议一起去做情感咨询，男人暴跳如雷：“你脑子才有病！”

你约他参加亲密关系成长课程，男人不屑一顾：“那都是传销组织给你们洗脑的。”

某次她连求带哄，将老公带到一个心理机构开办的萨提亚工作坊，不到30分钟，男人扔下一句“神经”，扬长而去。

她说：“我实在没办法了，不都说好女人能改造好男人吗？我怎么样才能让他成长呢？”一声叹息。

我先给你讲个事——我刚做HR的前两年，一度被“一个优秀的管理者就是能把最差的团队打造成虎狼之师”的言论洗过脑，经常对部门经理提要求：

“新人不懂事，你可以培养呀。”

“团队实力弱，你要去打造啊。”

“员工没动力，你得去激励啊。”

逐渐成熟后，我深深为自己的无知感到惭愧。因为根本不是这样的。

那些没有内在驱动力的员工，什么样的上司都无法培养他。

那些不具备学习意识的新人，再好的领导也难以打造他。

我一个同行的朋友，在一家国企物流公司任中层，部门总共11人，实际包括他在内，能干活的只有3个人。

剩下的，要么是年纪大了一心准备退休，死猪不怕开水烫的，要么是某某领导出国归来的孩子，家里不差钱，只想找个地儿混着的，要么是哪个重要关系的闺女侄女儿媳妇，来了就支起iPad塞上耳机追韩剧的。

你跟他提绩效改进，谈职业规划，讲个人发展，Sorry，臣妾不care啊。

朋友苦笑："这样的牌塞给我，让我打好？开玩笑，神仙也办不了。"

02

"好女人是所好学校"这个论调在婚姻里大行其道，就像"好领导能把所有人都培养成精英"的神逻辑一样，让很多女人误以为，自己能当起校长老师，可以将任何渣男变暖男。

骗人的。

朋友的妹妹阿婉，恋爱谈了一年，双方家长催促订婚。可阿婉犹豫不决。男友脾气暴躁，一点小事就能被激怒，一争吵就喜欢摔东西，还有两次揪起阿婉的衣领，虽然最后克制住没动手，但阿婉开始深深怀疑他有暴力倾向。

阿婉妈妈劝说："小青年儿嘛，年轻冲动血气方刚，有点脾气也正常，男人结了婚是会变的。"两个姨妈也赞同："女人是家里的风水，这老婆你要是当得好，男人有什么不能改的？”

什么鬼？好女人是所好学校，录取也是有分数线的好吗？

什么学渣都往这学校送，最后就成了禽兽收容所，渣男集中营，女人是深爱世人的圣母，还是普度众生的菩萨？

男人出轨，老婆要学着满足他的性需求，让他回归家庭。

男人撩骚，妻子要想办法让自己保持年轻，给他新鲜感。

男人家暴，女人不要有刺激性言行，别触碰他的创伤，让他慢慢改正。

所以，女人一定要不断学习，一个好女人，就是一所好学校，可以让男人变好。

女人这所“好学校”，什么时候被黑成这样了？

03

无论男人女人，都需要学习和成长。好女人是所好学校，这话本身，我是认同的。因为女人对情感质量要求相对更高，所以在婚姻里，女人往往是主动学习和成长的一方。

这并非空口说大话，各大知识付费平台，女性是学习主力军。各类婚姻经营、自我成长的线上课程，大数据都能充分证明，女性是购买主体。所以，一个不断成长的女人，懂得如何用自身的成长，引导一个男人一起成长。一个智慧的女性，懂得如何使用女性的力量，影响一个男人不断成熟。

但并不意味着，随便塞一个学渣，女人都能让他变成学霸。学习力有三个要素组成：学习动力、学习毅力、学习能力。没有“学习动力”这个核心驱动，再牛的大师带他也白瞎。简单说，一个人内心有成长的意愿，女人这所学校才能发挥作用。

有能力，有意愿，通常是学霸。

无能力，有意愿，大多是学弱。

无能力，无意愿，妥妥是学渣。

如果说女人是所好学校，那就更有资格提高分数标准线，将学渣拒之门外。一个女人与一个男人结婚，组建家庭，生养孩子，不只因为爱，还为一起抵御人世风雨，不是来当妈的也不是来收学生的。一个好妻子，决定一个家庭的温度，一个好母亲，决定孩子安全感的建立。

但不代表，女人就要去当义务支教老师和圣母玛丽亚。

04

妈宝、直男癌、暴力倾向，这些问题，都来自于原生家庭。一个好女人，能改变这样的男人吗？如果女人是专业心理医生或咨询师，有扎实的理论基础和丰富的实战经验，或许会有成效。但是，具备这种专业素质和能力的女人，不会选这种男人当老公，只会收他当病人，并且收费。

婚姻是什么？是一种契约，是一个团队，是一场合作，而不是九年义务教育、学渣收容基地、心理治疗诊所。

一个人，就像一棵树。树根是人品和价值观，树干是处事方式，枝叶是行为表现。你可以用自己的技术修剪枝叶，也可以适度地矫正树干，但你无法改变树根的部分。原生家庭带给他的，或者原生家庭没有教给他的，想通过女人后天改变，难于上青天。

不只是难，更多是苦。

我见过太多女人，一路吃尽苦头，总试图通过自己的变好，来影响一个男人跟着变好。但我们要知道，一个能把丈夫变得更好的女人，首先是这个男人的树根没有腐烂，拥有向上的生命力，拥有想跟她一起变好的意愿。

在长期相处中，女人可以影响他，从不成熟变得成熟，从不细心变得细心，从笨嘴拙舌变得会表达，从不解风情变得有情趣。但女人不是魔法师，无法把一个拒绝成长的妈宝变成精英，无法把一个毫无意愿的渣男变成暖男。更何况，这不是她天生的责任和义务。

婚姻里的成全，是双向的。男人需要女人的支持，女人需要男人的滋养。

婚姻里，谁对谁，都没有九年义务教育的使命。

心安理得地当着猪队友，从不反思永不改过，还百般挑剔万般指责，所有一切都是别人的错。

抱歉，学渣的改造我不负责。

一个女人的成熟，就是最牛的整容术

> 熟女的人生观，是再也没有“谁谁说”，
> 只要由衷热爱，只要笃定坚信，只要恰好适合又真心喜欢。

我曾发过一条朋友圈：“你们知道一个生来就丑的人，在没钱整容的年月里自强不息，活到今天有多么不容易吗？我千辛万苦长到现在，可千万不能丑回去。”

一个做营销策划的女友，很八卦地冒出来确认：“你以前真的很丑吗？”

我没接话，把一张童年照直接发了过去。她再也没有回话。

事实是真的。我从小丑得连亲妈都嫌。大饼脸，塌鼻子，肿眼泡，黄不拉叽，像棵营养不良的豆芽菜。

都说女大十八变，我挨呀挨，终于走过豆蔻年华，长到花季雨季，爱美之心渐重，稍稍长开了一点，奈何没条件打扮，只能去拍浓妆艳抹的俗艳艺术照——被无数人穿过无数次的衣服，千人一面的笑容，千篇一律的动作。

若干年后，我翻出当年拍的艺术照，对着镜头故作灿烂的

笑，眉毛细而挑，夸张的假睫毛，脸比脖子白好几个色号。

那分明是一个女孩，为了变美，拼得用力过猛。我不够笃定，也没资本云淡风轻。

那时我尚不懂，女人真正的美，需要时间和阅历来沉淀。胶原蛋白满溢的二十岁，尽管是女人一生里最青春的时光，但我活得紧张、慌乱，充满防御感，丝毫不轻松。

一个女人真正成熟之后，你会惊异发现，岁月无刀无枪，却已然给她完成了最成功的整容。这就是为什么，我们看到越来越多的女人，年轻时土气、老成，却在熟龄后笑傲红尘，活出了无龄感。

比如刘嘉玲，18岁出道，被嘲笑演技花瓶、大陆土妞。青春少艾的她五官周正，但就是有种说不出的乡土气，以及一丝小家子气。如今呢，五十有加，既没有整成一张蛇精网红脸，也看不出是否打了僵硬的玻尿酸。她大气、通透、优雅、笃定，白衬衫牛仔裤，照样美出万千气象。

比如林忆莲，年轻时的她，歌好听，但人真心不好看，单眼皮眯眯眼，老气横秋。二十年后却美出天际，活色生香、元气满满、妩媚缠绵。

我突然在想，少女和熟女最大的区别是什么？其实看脸就知道。不是看她胶原流失了多少，或是鱼尾纹增加了几分。而是看她的脸上，是青涩紧张，还是从容淡定。

曾有个铁哥们儿，在参加完同学会之后发问："你说多奇怪，我们当年那班花，现在真是人老珠黄了，倒是当初有几个连名都记不住的女生，现在个个好看又顺眼。"

呵呵，实话告诉你，女人的美，没几个是天生丽质，大多数都是靠后天修炼。

为什么那些成熟后的女人，像整了容一般，完成华丽蜕变？

成熟让女人，从爱人转向悦己

少女失个恋，恨不能哭足100天，不吃不喝不睡，搞得人不人鬼不鬼，用情至深，天地为鉴。

而熟女的原则是什么？没爱情时不恨嫁，分手后也不纠缠。

不管春风怎么吹，我只想好好爱一回。不必感动天地感动你，我首先要好好爱自己。

她们强大，自行修复破碎的曾经。她们赤诚，风雨过后依然相信爱情。

她们永远有一种让自己越活越好的动力。

成熟令她们更相信自律，以及努力

以前看明星访谈，问及保养经验，永远是“多运动，多喝水，保证睡眠和好心情”。我心中总会不屑：谁要听你这种废话！

但当30岁一过，我才知道，这才是警世箴言。斩钉截铁告别过去，把悲伤奋力踩在脚底。在夜色中独自跑步，在健身房挥汗如雨，她们更懂得，要让自己吃一点苦，才是通向甜的路。

永远保持正心、正意、正念。这种能量，淬出女人优雅而强大的气场；这种美，相比倚恃青春为所欲为，是一种有韧劲、有弹性、有自控力的美。

成熟让女人有开阔的格局，和独立的底气

山本耀司曾说：“我对那些卖弄风情的女性丝毫不感兴趣，相反，一位专心踏踩缝纫机的女性背影，或是聚精绘神缝衣服时的侧影，都会让我感受到一股强烈的情欲。我极其渴望去尊重，去帮那些在社会上立足、为生计打拼的女性。”

当一个女人开始掌控自己的人生，那是一种难以描述的性感。她们自带迷人荷尔蒙，行走世间张弛有度，独具韵味。单眼皮还是大眼睛，微贫乳或是D罩杯，有什么关系。我站在哪里，哪里就有我的天和地。

好看的皮囊千篇一律，有味道的灵魂才是万里挑一

成熟不是到了哪个年纪就水到渠成。岁月会带走胶原蛋白，但时间，更会给那些坚持不懈自立自爱的女人，改头换面脱颖而出的机会。

我曾写过一篇《熟女不再爱大叔》：“熟女为什么不再爱大叔？因为她自己熟了，买得起迪奥，开得了奥迪，外有筋骨皮，内炼一口气，巧笑倩兮美目盼兮，才貌双全福慧双修。不需要谁来承担她的人生，她自己都可以。她们不再依傍，不必附属，游刃有余，收放自如。四两拨千斤，深藏功与名。”

成熟的女人，天开地阔，无忧无惧。勤加保养，坚持自律，永远不放弃自己。这是她们美出新境界的真正原因。不得体的衣裙不穿，不值得的男人不爱，不匹配的物件不选。

熟女的人生观，是再也没有“谁谁说”，只要由衷热爱，只要笃定坚信，只要恰好适合又真心喜欢。

是的，一个女人的成熟，就是最牛的整容术。

多少女人，败给了刀子嘴豆腐心

> 都说情爱里无智者。
> 但毕竟，婚姻是场马拉松，不是图一时痛快就行了。

琳在深夜微信上向我哭诉："他良心被狗吃了！竟然敢跟我说离婚！"

我一听也有点吃惊。琳的先生我也认识，总体来说，是个不错的经济适用男。

我问："他主动提的？"

琳说："我们最近接连吵了两架，我气得不行，跟他说'能过就过，过不了就趁早离'。他竟然说'你要离就快点离，有什么了不起'。"

我不厚道地笑了："这明明是你先挑头的嘛。"

琳气不过："他那榆木脑袋也不会想想，我要真想跟他离，还用等到现在？只不过就是想骂他一顿，让他好好反思一下自己，三十好几的人了，还这么不长进！这不都是为他好？换成别人，死活我才懒得管……"

唉，骂一顿就长进了吗？拿离婚吓唬就管用了吗？你觉得自己扒心扒肝地为他好，人家领你情了吗？

前两天还有个妹子在后台给我留言，说两个人吵了架，她觉得男人不够爱她，不在乎她，不知道让着她，于是一赌气说分手，结果男方真跟他分了。

她痛苦不堪，日夜哭泣："我并不是真要分啊，就是想让他知道自己错了，以后对我好一点。"

你看，无论恋爱还是结婚，女人啊，多少幸福，都败给了刀子嘴豆腐心。

我对"刀子嘴豆腐心"这事最原始的认知，起源于我妈。

从我有记忆开始，她跟我爸吵架就是放各种狠话，张口闭口"不过了"。

其实吵架也不是因为多大的事。

我爸在酒厂工作，那年月，工人阶级没什么娱乐活动，无非就是隔三岔五呼朋唤友，喝喝酒，吹吹牛。

我爸性格幽默，人缘好，大家一凑局都愿意喊他，他若不去，就跟炒菜没放味精咸盐一样，没意思。

他们一帮同事哥们儿，今天在东家，明天在西家，轮流坐庄。晚上喝得晕晕乎乎各自回家。

他俩所有争吵都源于此。

我妈嫌他喝得多，嫌他回家晚，一吵就是山崩地裂，水火不容。什么难听说什么，什么狠骂什么，让对方去死的话都说过。

于是两人就越吵越烈，从口角争执，演变成摔东西，闹离婚。

有一次我妈的闺蜜张姨来我家玩，我妈跟她发泄怨气，张姨说："男人爱在外面喝就让他喝去，你睡你的觉，不管他就是了，爱回不回，生那么大气干吗。"

我妈反驳："不管怎么行？这大冷天的，要是醉倒在路边，一晚上不得冻个半死。"

我当时就想，我妈原来挺关心我爸的，但怎么就从她嘴里听不到一句好话呢。

后来，我也听小姨劝过她："你为了姐夫身体好，怕他太晚回来不安全，就试着好好跟他说呗。"

我妈一口拒绝："试不了，不会说，没办法。"

她哪里是不会，分明是不肯。

她对外人，对同事，对邻居，对八竿子打不着的亲戚，话说得比谁都妥帖、到位。

但到了我爸这儿，她习惯用最原始粗暴的方式，好话从不好好说，偏要反着说，偏要往狠了说，怎么伤人怎么说——

"要是过够了就早说，谁怕谁，大不了就离婚。"

“你下次再喝到这么晚，就永远别回来！”

“以后再也不管你，你爱干吗干吗去。”

但实际上呢，下一次她还是照旧，该管还要管，该吵还要吵，该生气还要生气。

她那一套话，我从小都听得倒背如流了。

耳濡目染的我，后来也长成了一个刀子嘴豆腐心的人。

四年前的盛夏，我顶着中午的大毒日头，到中医院挂号预约。

那时儿子尚小，体弱多病，朋友建议我给他贴三伏贴调理一下。

每年入伏头这一天，中医院都要排号预约，人满为患。我趁中午下班，饭都没吃，打了个车赶去排队。在此之前，我跟老公为琐事吵了一架，已经冷战了好几天。

但想到他肠胃也一直不好，我还是挂了两个号，给他和儿子都预约上了。

出了医院大门，我心头气难平，掏出手机给他打电话：“已经约上了，你爱贴不贴，这是我最后一次给你操心这些破事，以后再不管你，自己看着办吧！”挂了电话，我气哼哼地回单位上班。

现在让我回头再看这一段，简直要被自己蠢哭了。

要是真能狠下心不管不理不问，倒也还好。偏偏又豆腐心，忍不住地惦记、牵挂。

心也操了，事也办了，时间精力也搭上了，就差最后撒个娇邀个功，结果呢，就因为管不住刀子嘴，说了这些没用的废话，把自己的好全埋没了。

我也是用了很多年，碰了很多壁之后，才知道自己的问题出在哪里。

现在做情感咨询，我特别能理解刀子嘴豆腐心的女人。

她们和我当年一样，心是好的，人是善的，对别人是实心实意的，但心气高，自尊强，爱批判，还太过倔强，死不低头。

其实不是不明白，那些狠话，最多是图个嘴皮子痛快，什么问题也解决不了，白白添堵，生一顿气，捎带着把你在对方心里的好一同抹了去。

婚姻里，刀子嘴豆腐心的人，最出力不讨好。

这样的人，并不是真狠，恰恰相反，她们大多色厉内荏。就拿离婚、分手这种事来说，她们根本不是来真的，但气不过，偏要说，希望能给人震慑，让对方幡然悔悟，从此改过。

可这招恰恰是最不管用的。

你放上两次狠话之后，男人看穿了你不过是只纸老虎，嘴上耍耍威风罢了，也动不了真格的，自然更不把你的话当回事了。

刀子嘴豆腐心的女人，其实只是缺点耐心，缺点情商，缺点智慧。

有一次我去参加一个心理课，老师讲了一个情感案例，女人一吵架就对男人歇斯底里“你知道你多可恶吗？”果然，男人越来越差劲。

老师说，把这句话换成“你知道我多爱你吗？”结果可能就完全不一样了。

是不是特别适合刀子嘴豆腐心的人？

我现就对老公换招了。他肠胃不好，却偏偏爱喝冰啤酒。

按我以前的习惯总得发火：“说你多少遍了，能不能长点脑子，你自己什么脾胃，心里没数吗？”现在改为：“你知道你肚子疼的时候我多心疼吗？”

他立马乖乖换成常温的。

既然豆腐心，就别刀子嘴。非要刀子嘴，那就刀子心。

其实真正聪慧的女人，是豆腐嘴，刀子心。

豆腐嘴，并不是只干不说，那是锯了嘴的葫芦、做好事不留名的雷锋，也吃亏。

豆腐嘴是和颜悦色，温言软语，懂得给男人留自尊、留面子，怎么好听怎么说，怎么让人舒服怎么说。

刀子心，也不是心肠歹毒腹黑狡诈，而是自己心里如明镜一般，有骨气，有底线，是非分寸，了然于胸。

一旦触碰了底线，违背了原则，该下狠手就下狠手，手起刀落，绝不含糊。

这样的女人，在感情里才能有威，有信，有韧性，才能被爱，被重视，被尊重。

都说情爱里无智者。但毕竟，婚姻是场马拉松，不是图一时痛快就行了。

愿我们，都能换成豆腐嘴，刀子心，外表柔韧、内心硬气地面对生活和婚姻。

爱是空气，需要呼应和对流

> 你要脸上有颜，腰上有线。你要有胸有脑，有爱有钱。
> 你要与你爱的他，一起能花，一起会赚。

01

有个段子说，如何从吃饭买单的表现判断男女关系：

男人主动买单，恋爱关系。

女人主动买单，夫妻关系。

男女争抢买单，朋友关系。

男女都不买单，前任关系。

我跟一个妹子在午餐时共赏这条段子。

她问我：“这准吗？”

我说：“有一定道理吧。恋爱时男人要拼命表现，通常会抢着付款。结婚后一般是女人管钱，消费时也通常由女人买单。”

妹子撇嘴：“我跟男朋友吃饭，如果这顿他付了，下顿就要我请，不想欠他的。”

我笑："你俩都准备结婚了，怎么这关系更接近普通朋友啊，抢着买单，有来有往，互不相欠。"

她气哼哼地怼我："是你整天鼓吹女人独立的！"

无语，真不知道到底有多少女人误解了独立的含义。

前几天陪一女友逛街，看中一条两千多的施华洛世奇项链，她要刷卡，我阻止："还有一个月就七夕了，可以让你老公送嘛！"

她大义凛然："我自己有钱，不稀罕他送。"

我把她怼了回去："亲，你啥啥都自己买了，老公的钱要留给外面的女人吗？"

她傻眼："你们这些鸡汤作家不都成天教导女人要自己赚钱买花戴吗？"

天啊，我们这些鸡汤作家，什么时候教你别花男人一分钱了？

02

三毛在《结婚记》里写过一段话：

荷西问三毛："你想嫁个什么样的人？"

三毛说："如果不喜欢，千万富翁也不嫁；如果喜欢，亿万富翁也嫁。"

荷西就说："那说来说去你还是想嫁个有钱的。"

三毛看了荷西一眼说："也有例外的时候。"

"那你要是嫁给我呢？"荷西问道。

三毛叹了口气说："要是你的话，那只要有吃饭的钱就够了。"

"那你吃的多吗？"荷西问道。

"不多不多，以后还可以少吃一点。"三毛小心地说道。

如三毛般特立独行潇洒如风，也是"你吃我的饭，我也花你的钱"，因为这才是婚姻啊。

有姑娘立下壮志，铁骨铮铮，不花男人一分钱。

这话怎么听，都像某位女性放言"我发誓这辈子不依靠男人"一样。

这不是真正的独立和强大，反透着内心乏力、色厉内荏的虚弱。

花他的钱怎么了？那是你真爱的男人，你的亲老公，有什么不能的？

健康的两性关系，是爱与被爱，是需要与被需要，是依赖与被依赖。

女人，是要先谋生再谋爱，要能自己赚钱买花戴，不必掌心朝上看人脸色，不必抱大腿讨生活。

但是，并不意味着你要活成一个什么都不需要的钢铁战士，一尊拒人于千里的女王雕像。

03

我的钱包里，永远装着一张老公的信用卡，该刷的时候毫不客气刷刷刷。

曾有姐妹问过我：“你赚得不少，怎么还刷老公的卡？”

平心而论，我的收入是比老公高。但是妹妹啊，我刷的哪里是卡，我刷的分明是他的存在感啊！

每次在免税店，刷他的卡买LA MER，回家又作委屈状：“好贵，好心疼。”

他反倒一脸骄傲：“买吧买吧，你喜欢就好。”

婚姻经营总需要点心机技巧，不是靠着大白话直肠子就能幸福的。

我们一定要明白——

远古洪荒，男人要学求生。

战争年代，男人要上战场。

如今和平时代，男人无仗可打，无敌可杀，总得有地方让他找找自信心，满足下成就感。

04

马云曾说："瑞典女性要工作，但不用看孩子。日本女性要看孩子，但不用工作。中国女性往往既是承担责任的母亲，又是创业者，非常不容易，我非常敬佩。"

的确，现在的女人都太能干了，比得男人一无是处。

以前他们靠体能力量赢得优势，可现在比不上快递小哥、专车司机、物业大叔。

过去他们靠赚钱养家树立威信，可如今高薪"白骨精"、百万女Boss比比皆是。

姐妹们，体谅下男人心里的小憋屈、小失落和小沮丧吧，你能自己赚钱买花戴，也要给他机会，允许他们长长脸吹吹牛。

爱是空气，需要呼应和对流。

爱像礼物，给得出也收得起。

那些咬牙切齿的姑娘，信誓旦旦坚决不花男人的钱，要么没亲自结过婚，要么没真正爱过人。

女人的强大，是保持精神和经济的双重独立。而经济独立，并不是打死不花男人钱，而是让自己不断升值，拥有赚钱的资本和能力。

既不是离开男人的供养就活不了，把自己沦为了附庸。

也不是家里每根钉子都要自己赚，让男人活成了摆设。

我同意你养我，并不是你给我的赏赐，而是我自己的选择。

我肯花你的钱，并不是因为我不能赚，只是因为我爱你。

有爱时，我愿意做个被宠溺的小女人。

没有时，我也能自己活成一支大部队。

这才是真正独立的意义。

婚姻本来就是一场双人舞，你强到啥啥都不需要他了，男人除了甩着两只爪子杵在那，还能干什么呢？

亲爱的姑娘——

你要脸上有颜，腰上有线。

你要有胸有脑，有爱有钱。

你要与你爱的他，一起能花，一起会赚。

婆媳之间，是一场将心比心的交换

> 其实说到底，夫妻感情，
> 才是抵御一切歪风邪雨的利器。

01

先来讲个故事——

A家的婆婆，品性好，人心善，勤快干净，任劳任怨，对儿媳妇视如己出，洗衣，做饭，带孩子，倾尽全力帮忙操持。

而A家的媳妇，脾气大，个性强，一言不合声高八度，面不露笑嘴不饶人，休假睡到日上三竿，家务从来丁点不沾。

B家的婆婆，性格固执又不喜沟通，优柔寡断又固步自封，思想情商止步于六十年代，宠起儿子却与时俱进不限年龄。

而B家的媳妇，人能干，钱能赚，给婆婆买衣买房买保险，七姑八舅面面俱到，大事小情拎得清。

是不是有种“赖汉娶贤妻，好女嫁渣男”的感觉？A家的好婆婆，却遇上个恶媳妇；B家的贤媳妇，却摊上个差婆婆。

好吧，我说实话，这俩婆婆，都是我婆婆。这俩媳妇，也都是我。

外人看婆媳关系，永远只是冰山一角。个中内情，冷暖自知。婆婆和媳妇，都有A面和B面。你用哪面示人，就换得对方哪面。我一直坚信，婆媳之间，就是等价交换。

在世俗标准里，总是要求婆媳之间先要“将心比心”。两个没有任何血缘关系和交集，一点感情基础都没有的人，如何一上来就将心比心？一定是先等价交换，再谈将心比心。说白了，先给好处，再谈感情。

别急着说我势利，人的本性是趋利避害，你想让别人对你好，你就要有很多的“利”，值得别人对你好。

这个“利”，不只是钱和经济利益，还体现在生活的方方面面。

02

如今的我，在婆媳关系上，着实够资本洒一把狗粮——

一日三餐婆婆全包，家务活我一个指头都不沾；下班一进门就吃现成的，吃完一推碗就去忙我的。

换洗的衣服直接丢洗衣机，婆婆自动分拣机洗手洗，甩透晾干；床单被套，毛巾窗帘，我从来不管，定期自有婆婆拆洗更换。

我早上说想吃炖猪蹄，晚上婆婆绝对能端上桌；我不吃肉馅，包饺子她一定单独给我包素馅；我带午饭上班，婆婆必然早起炒新菜，不让我带剩的。

即便这样，婆婆还经常在外人面前表扬："我们家儿媳妇可好了，做啥吃啥，一点儿不挑。"

当然，我也尽我所能地对待婆婆——

主动把新装修的房子给公婆住，即使自己手头不宽裕，给公婆买医疗保险也绝不含糊；

换季添新衣，带婆婆进商城，我刷卡你随便选；

婆婆预订夕阳红旅行团，我当即现金支持，好好玩别心疼钱；

海参钙片保健品，我主动买齐，365天不间断；

婆婆干活我从不挑剔，人前只有赞不绝口；

婆婆偶尔向我吐槽公公，我就把握时机给她做做心理疏导。

我并不是想展示自己多优秀，而是深知自己有缺点，脾气急性格硬，耐性不足气性有余。既知自己如此多臭毛病都被婆婆包容，我就该在力所能及的事上加倍偿还。我知道享受了婆婆带来的利益，就该接纳她不尽如人意的另一面。

世上所有好和坏，都不是无缘无故的。

03

今年春节，思思作为已经订婚的准媳妇，第一次去婆家过年。

没想到，大年三十，婆婆就给了个下马威。

作为一枚实心眼山东妹子，思思为了表达对婆家的融入，故意多吃了些，年夜饭进行到一半，想把空出来的盘子撤下去，旨在说明“妈您做的饭真好吃，您看我吃了这么多”。

不料被婆婆冷着脸制止：“放那儿！我们家的规矩，没吃完饭不准撤盘。”思思讪讪地把手缩回去。

之后两天，婆婆始终不冷不热不咸不淡。回到娘家之后，思思说：“我看明白了，以后能离多远离多远。”坦白说，这婆婆貌似精明，从一开始就立威，其实傻得冒烟了。

什么是等价交换？在接纳这件事上，我认为婆婆应该主动。新媳妇上门，改口叫妈，婆婆就应该拿出婆婆的胸怀，让媳妇感受到欢迎和接纳。

一上来就添堵，媳妇心里留下了疙瘩，日后怎么处？你先不拿媳妇当一家人，如何要求媳妇拿你当自家人？

读者小静，上个月新晋妈妈，添丁进口本是大喜事，婆婆却在家犯拧巴：“让我伺候月子可以，但不能这么主动去，她得来求我，我才去。”小静听后立即发飙：“以后都不用来了！”

这婆婆也够蠢的了。在这种时候，婆婆主动一点怎么了？

还掉价吗？

我曾经说过，千万别伤害这个时期的女人，她会记恨一辈子。

在儿媳妇最需要关心的时候，你不露面不表示，落下的伤痛、留下的裂痕，以后都难弥补。还有很多婆婆，在孩子小、媳妇弱、需要她帮一把的时候，居功自大，动辄摆出“你不怎么怎么样，我就不给你看孩子”那一套，各种要挟，各种刁难。

这就不能怨许多媳妇坦言以后不伺候婆婆，都是被伤透了。

婆媳之间，没有天然的情分和义务，在我最困难的时候你帮了我，在你有困难的时候我也愿倾囊相助。没有这个前提，一切都免谈。

04

婆婆应该更接纳，那媳妇就应该更宽容。

很多女人，既想享受婆婆带来的现实好处，又不想接受附带的麻烦和束缚。一边拿婆婆洗衣做饭当保姆，一边嫌她唠唠叨叨没文化。

更搞笑的是，还总想着改造婆婆，改造不了就咒怨。婆婆来自过去，一个人的观念和习惯，根深蒂固五十年，凭什么到你这来参加劳改？

甘蔗没有两头甜。

我从来不管家中厨房什么样。婆婆把旧毛巾当抹布，水管之间系上塑料绳上搭下挂，各种塑料袋攒成一堆，我统统当没看见。

我深谙一个连厨房门都不进的人，没资格指手画脚。饭菜咸了淡了我从来不挑，想吃什么就提前说，馋急了就点外卖全家共享。

婆媳之间的情分，就是从“你对我好，我也念你的好”开始积攒的。

对婆婆，惯用句型应该是“不仅……还……”。婆婆不仅照顾孩子，还帮忙做饭；婆婆不仅做饭，还帮忙做家务。最忌讳用“虽然……但是……”。虽然婆婆帮忙带孩子，但是卫生习惯不好；虽然婆婆人心不坏，但是脾气不好。

看到了吗？一“但是”就完了。

05

其实说到底，夫妻感情，才是抵御一切歪风邪雨的利器。

你抱怨婆婆对你不好，说到底那是老公默许的；你愤恨搞不定婆婆，说白了那是没搞定你老公。

没有夫妻感情这个“定海神针”，婆婆媳妇谁放个屁都能让一个家分崩离析。但中国式的老公，除了极端的妈宝愚孝，剩下的基本都是“我妈就那样，我有什么办法”，然后自欺欺人，粉饰太平，得过且过睡大觉的直男。

这才逼得女人只好亲自上阵，处理婆媳问题。

十年看婆十年看媳，三十年河东三十年河西。

没有血缘亲情，又没有亲密关系，婆媳很少有亲如母女这回事，大多靠等价交换积累情分。

婆婆少去教育媳妇怎么做子女，媳妇也不必指导婆婆怎么当长辈。

你对我好，我也对你好。就像银行存钱，你存一点，我也存一点，日积月累，利息滚动，共同属于我们的就越来越多。

你对我糟，很遗憾，我也无法对你好；你伤过我，即便我不恨你，但也不会原谅你。

以德报怨，何以报德？

以直报怨，以德报德。

就这么简单。

这才是女人离开的真相

> 成年后参演了生活大戏，才知道那些撕心裂肺的哭喊，
> 蚀骨灼心的怆痛，一遍遍叩问苍天“为什么为什么”的剧情，
> 只会出现在言情剧里。

多年做HR留下的职业病，我经常拿劳动关系和婚姻做类比。

劳动关系是员工与企业的一场联姻。劳动合同就是一纸婚书，认可双方的身份地位，也受法律的约束和保护。

离职如离婚，就是解除合同，终止关系，率先递上辞呈或辞退通知书的那个，就是主动提出离婚的一方。

马云说过，员工离职不外乎两点：

一、钱没到位；

二、心委屈了。

劳动关系本质上就是一种价值交换。我付出劳动，获取报酬。我用能力提供价值产出，你就要为此给予等价回报。这永远是第一原则。

其次，在这个团队、这个平台工作，我是否快乐，是否被

认可，是否有融洽的同事关系和良好的人际氛围。

而婚姻的解散，原因也不外乎是这两点，只是顺序发生了变化，排在第一位的，永远是：心委屈了。

一场婚姻合约破裂，究其根本，心的委屈，永远大于钱的缺失。

01

因为主动提出离婚，S遭受了此生最恶毒的咒骂。

当年，老公坚持要创业，五个月身孕的她随他举家南下，定居浙江。

男人志存高远，信誓旦旦。

一年又一年，心比天高，只是分文未见。

在这个精明势利的世界，他空有北方汉子一腔孤勇，日日呼朋唤友交杯换盏，以为称兄道弟之后便能成就一番大事业。

无奈没人买账。

那年孩子出生，花销日增。他心烦意乱，不顾她产后虚弱，只管肆意发泄："谁要你这么早就生孩子的？！"

体谅他赚钱艰难，她从未吃一日闲饭。月子一出便倒腾淘宝小店，生生从两颗心干到四颗钻，裸眼视力从1.5熬到0.8，他冷冷嘲讽："就你那智商，眼累瞎了能挣几个钱？"

婆婆提出将孩子送回山东老家寄养，她不肯，耐心解释长期分离对孩子身心成长的危害，男人一句话怼过来：“我妈能害她亲孙子吗？”

S的网店步入正轨，营收节节攀升，一个人身兼老板伙计会计仓管，某日物流突发状况，她饿着肚子处理了一天，耽误了幼儿园接孩子的时间，他一进家门便张口问责：“你一天天的还能干点什么？”

那个夜里，她悄无声息地做了决定，平静地摘下了结婚戒指。

婆家人的不满和质问排山倒海而来：

“你不能因为他这几年没挣着钱就嫌弃啊，还有没有良心啊？”

“这年头，男人不赌不嫖不出轨，你还有什么不知足的？”

“你是不是自己干点儿买卖外头有人了？”

S苦笑：“他们永远不会懂，我为什么要离这个婚。”

我懂。

婚姻的死亡，不一定都是遭受突如其来的意外和重创。

有一种溃散，是日复一日，剔骨削肉，寒凉沁心，最终让你，流血到麻木，疲累到孤绝。

让女人心寒的不是没钱，是没钱的谷底更没爱。

让女人无望的不是吃苦，是吃苦的同时还受气。

原想与你共同对抗人世风雨，却不曾想，这世间最大的凄风苦雨，是你所赐。

02

1947年的那个冬天，是胡兰成与张爱玲的最后一面。那夜他们分房而睡。次日一早，胡兰成到张爱玲床前吻别。张爱玲伸出双手紧抱住他，哽咽地叫了一声："兰成……"

自此涕泪涟涟，再无他言。

男人是不会明白的，那是她为死去的爱情，做最后一声绝响。

从周训德到范秀美，她看透了他的花心与薄情，也受够了漫长的煎熬与忍耐。

几个月后胡兰成收到张爱玲的诀别信：

我已经不喜欢你了，你是早已经不喜欢我的了。这次的决心，是我经过一年半长时间考虑的……彼惟时以小吉故，不欲增加困难。你不要来寻我，即或来信，我亦是不看的了。

一个女人，只有在痛定思痛心冷如灰之后才会有这般决绝。

张爱玲当然是爱钱的。她说过："我喜欢钱。因为我从来没吃过钱的苦。我只知道钱的好处，不知道钱的坏处。"

胡兰成为她花过钱，她也给胡兰成寄过钱，即使是在他亡命江湖的避难期间。

每次读张胡这段情，总忍不住想，没有钱，从来不会击垮一个女人的执着和信念。但，没有爱却会。

同样孤绝的女人，还有孟小冬。

18岁与梅兰芳游龙戏凤因戏生情，从金屋藏娇到深闺寂寞，她本不是被圈养的鸟儿，甘愿为爱委身作小，相信了梅兰芳所谓的兼祧两头。

不求名分，放弃演出，而她得到的快乐，前前后后不过一年光景。

最终让孟小冬绝望的，有离开戏台的孤寂，有正室福芝芳的刁难，而最重要的，是梅兰芳的退却。

在他伯母的葬礼上，众人当前，她身着素服，头戴白花，前来奔丧，却被福芝芳吩咐下人拦在门外。

她颜面尽失，痛心屈辱。

她存体面，忍怒火，等待那个深爱的男人前来为她解围。

而他尴尬而至，目光躲闪，言语吞吐，怯怯对她说：“你先回去……”

我想，孟小冬的决心，应该是在那一刻下的吧。

多少情绝，皆始于满腹心酸委屈，无从言说，经年累月。

03

年少时看琼瑶剧，爱就山无棱天地合，分就天塌地陷山崩地裂。

马景涛式的撕喊，刘雪华式的垂泪，在我少女的梦幻里上演过无数遍。

成年后参演了生活大戏，才知道那些撕心裂肺的哭喊，蚀骨灼心的怆痛，一遍遍叩问苍天“为什么为什么”的剧情，只会出现在言情剧里。

那煽情，何等肤浅。

一个女子真正的绝望，是连哭泣都调成了静音模式。

而那些真正的决心，是不必说出口的。

爱与不爱，只能自行了断。

她曾那么想与这个人同生共长，血肉相连。

却无奈他，于内，不能同呼吸；于外，不能共进退。

最终，抽筋剥皮，噬血削骨，放自己，也放彼此一条生路。

下定决心终结一段情的女人，只因再不愿承受这残忍真相——

原来只有你孤身一人，独自背负着寂寞。

因为爱，所以有不忍和不舍

> 恩爱是收起无谓的控诉和无心的宣泄，管住任性的恶魔，
> 像对待自己的痛一样，去体恤对方的苦。

01

田震有首《怕黑的女人》很好听，我特别喜欢。

但你见过怕黑的男人吗?

前几天女友们小聚，饭还没吃完，叶子收了一条短信就要匆匆离开。我们不依，刨根究底，逼她交代短信内容。

她无奈呈上手机，是一条电力集团的通知："因设备抢修，导致××路以东、至××路以西区域不能正常供电，预计3小时内可修复，造成不便深表歉意，感谢您的谅解。"

她不好意地说："我家那片区停电，我老公自己在家，我得回去陪他。"

一个大男人还会因停电而吓得躲在房间嘤嘤哭泣?

叶子丢下一句"明天跟你们细说"便匆匆跑路。

第二天在微信群里，我们从头听了一个怕黑的男人的故事。

叶子老公叫大军，自小有怕黑心结。

大军父母年轻时是建筑工人，文化程度不高，加之生活艰苦，环境粗糙，工作又忙又累，没有多余的耐心对待孩子。

那个年代的父母普遍缺乏教育意识，信奉的是简单粗暴。大军调皮，自小被父母打疲沓了，棍棒理论不好使，父母既没时间陪伴，也没精力教育，最省心的方法就是把他关进屋，灯绳高高绾起来，让他够不着，任他怎么哭叫都没人回来。这样，一个熊孩子就彻底被制服了。

大军自此对黑暗有了特殊的畏惧，即使到了血气方刚的二三十岁，依然保持着一天黑就把灯全开的习惯。

叶子说，刚开始挺烦他这点，甚至有点鄙视——一个大男人怕黑，还能不能有点儿出息？但了解他的童年经历后，觉得很心疼。

堂堂七尺男儿，心里还住着一个被关小黑屋的男孩。那是他的旧伤口，是一个孩子害怕不被爱的、担心被抛弃的本能恐惧。

叶子说，别人不了解，但我懂，我就要陪着他。有时候小区停电，我俩都不用说话，直接一起出门，去附近超市转转，或去压马路闲溜达。

我听得心里很暖。

在不知情的人看来，这是矫情，是幼稚，是懦弱。但在爱的人那里，它可以被理解、被接纳、被体恤。

婚姻鸡零狗碎，总能让我们看到彼此最恶毒的一面。

而一对真正有爱的人，会小心保护彼此的创口，不去做二次撕裂和伤害。

把爱变成一剂温热的膏药，敷在不为人知的暗处，慢慢浸润，渗透，为对方抚平旧伤，疗愈痛楚。

02

想起参加过的另一个饭局。

几位久不联系的老同学难得凑一起，各自带了家属一起聚餐。

酒过三巡后，男家属们混熟了，信口开河嗨起来。

同学阿芳还是老样子，脾气好，话不多，笑眯眯地听我们几个女同学麻雀般叽叽喳喳。

过了一会儿，阿芳老公让服务员再搬一箱青啤。阿芳听后劝阻："时间不早了，今天别喝了，明天大家都上班呢。"

阿芳老公当即不悦，但碍于同学在场，没有发作。

我在心里还默默地赞了他一下，这样的男人也算难得了吧。

没想到散场出门后，阿芳老公扳着膀子对另一位同学的老公说："我懒得惹她，你知道吧，她家有神经病基因，她爹就是个神经病……”

我吃了一惊。

因为自小一起长大，阿芳的身世我们都清楚。她的父亲是一个神经病患者，当年是因为强暴了她的妈妈才生下了她。阿芳妈妈不堪忍受耻辱，在她三岁时离家出走，下落不明。阿芳自小被奶奶抚养长大，受尽白眼，尝遍冷暖，长大后对身世缄口不言。

我本能地看了一眼阿芳，她满脸涨红，紧咬嘴唇，催老公快走。

其实那天大家都没喝多，都是清醒状态。氛围瞬间尴尬，阿芳老公却又转头对我们补了一句：“你们的阿芳同学啊，别看脾气好，只要一提她那神经病爹就得发疯，哈哈哈……”

阿芳红着眼圈与我们告别，匆匆上了一辆出租车。灯影摇曳最终消失在寒夜，徒留一地心酸。

无心人认为是玩笑，有心人明白是伤害。

而最怕的，是那个最该有心的人，偏偏无心。

我不知道她的旧伤，有多少次被这样有心或者无意地撕裂，旧痕新痛叠加，永远难以愈合。

03

即使普通人之间，尚懂得“打人不打脸，揭人不揭短”。

这个短，不只是一个人的短板、劣势，也是一个人的软肋、痛点。

一个懂爱的人，不会轻易碰触这个点。

他们知道，那是他爱的那个人内心里，最无力、最脆弱、最不愿示人的地方。

有人说，恩爱就是好好说话。

怎样才算好好说话？它并不只是和颜悦色，语气平和。它包括说什么和怎么说。

轻描淡写，不代表没有攻击。不动声色，照样能令伤痕撕裂。

那些得意扬扬于“一句话就让TA崩溃”的人，那些一吵架就痛戳对方软肋，直至吵赢才罢休的人，他们并不明白——

亲密关系里，不去刺激对方最脆弱最不堪的那个短处，你才能够去享受他的好处，才能得到婚姻带来的益处。

如果叶子不懂得接纳和宽容，总把“男人怕黑没出息”挂嘴边，恐怕这世间只会多一对怨偶，因为一次次发泄和伤害而渐行渐远。

如果阿芳老公肯明白共情的力量，肯理解妻子的痛楚，她原生家庭带来的自卑和苦难，就会被新生家庭治愈。

恩爱不只是好好说话。恩爱是收起无谓的控诉和无心的宣泄，管住任性的恶魔，像对待自己的痛一样，去体恤对方的苦。

那天听到一句话：“我们行走江湖，靠的是心软。”

是的。婚姻里摸爬滚打，靠的也不过是慈悲。

我明明知道有些话，可以将对方一击溃散，但我不说。

我明明知道有些事，可以让对方瞬间颓败，但我不做。

为什么不说不做？

因为爱，所以有了不忍和不舍。

婚姻没有感同身受，只有冷暖自知

> 唯有一份真实的爱与宽容，才是我们行走红尘的铠甲，
> 抚平内心酸涩，翻越岁月山河。

01

有读者问我：“姐，你对感情看得好透彻，婚姻肯定特别幸福，不像我们总吵架。”

汗颜。

几天前我还刚跟老公吵了一架。

其实我现在很少吵架了，因为懒。用我的口头禅就是：费那个精力干吗，能吵出钱来啊？

这次赶上旅行刚回来，时差没倒过来，天天头昏脑涨不舒服，再加上生理期有点烦躁心情不爽，原本十一长假我想回老家一趟，家中很多亲戚都半年多没见我家小宝了，都很想他，于是我就直接通知老公：“放假我们带儿子回去住两天，我今晚就订动车票。”

谁知他竟然来了一句：“没啥要紧事，我就不回了，最近好累，想休息。”

一听这话我就气不打一处来：“你大半年都没和我回去一趟了，亲戚不知道的还以为咱俩离婚了呢！”

他哭笑不得，叹气说：“唉，那就回，行了吧。”

我一听那口气更加上火，关上门一顿劈头盖脸：“说得这么委屈，好像为我做了多大牺牲似的，谁不累啊，又不是光你上班，我还累呢，跟我回个家这么不情不愿的，不回拉倒，谁稀罕……”

然后我就不理他了。

我这驴脾气一上来，都不打算留着他过节了。

02

中午跟冬姐约饭，借机向她吐槽。

这么多年，冬姐一直是我心中的幸福典范。结婚十五年，夫妻恩爱得如蜜里调油。

姐夫老李是个技术男，最大的爱好就是研究智能电器，家中更新换代最频繁的就是各大品牌家电的最新款，原因就是不舍得让冬姐被家务所累。

每次听这些，我们几个小姐妹都羡慕得眼睛喷火。

我对冬姐抱怨："我家那位越来越过分了，连陪我回老家都推三阻四不愿意。"

冬姐笑："你这个人呢，刀子嘴，豆腐心，道理比谁都懂，就是倔脾气上来，三头牛也拉不住。"

我怄她："哼，你这种活在蜜罐里享福的人，哪知我们柴米夫妻的人间疾苦。"

她放下筷子："我给你讲个事吧。"

"你知道老李有个什么毛病吗？他对吃饭时间的要求特别严苛，几乎变态，晚一分钟都不行。每天晚上，我们家必须要在七点之前准时开饭，如果晚了，他就不高兴，有时还发脾气。在你们看来，这种男人，是不是该划为自私、挑剔、吹毛求疵的渣男？"

"怎么可能？姐夫对你多好啊！"

"不能理解吧？平时好好的一个人，怎么一到吃饭这件事上就变得不可理喻，不就是开饭晚了十分钟吗，多大个事啊，还至于生气吗？但是，我能理解他。

"老李出身农村，家里兄弟姐妹六个，从小穷得吃不上饭。我们这种没挨过饿的人，真的无法体会那种见了食物就想往上冲的感受。后来也是因为太穷，养不起孩子，便送他去当兵。那个年代在部队吃饭真的要靠抢，动作稍慢就没了，吃不上活该，没人管，只能饿着。直到现在，他吃饭也是狼吞虎咽慢不下来。所以，在他的内心深处，其实是对吃饭有阴影，所以才有执念。我理解了他的过去，才愿意原谅和接纳他的现在。”

“其实这也不算毛病，姐夫别的事上都对你特别好啊，连个碗都不舍得让你洗。”我感慨。

“对，我要说的就是这个。你知道我为什么不洗碗吗？小时候家里亲戚多，我爸是家中老大，家乡风俗又爱闹腾，每年大节小节、孩子生日、老人寿辰，七姑八姨拖家带口都来我家吃饭。那时没有饭店，来多少客人都得在家里招待。碗碟不够就去邻居家借，一张桌子坐不下就在院子里再搭两张。一顿饭吃完，杯盘狼藉堆成山，全是我负责洗。中午吃完就得赶紧收拾，因为晚饭还得继续用。晚饭用完更要抓紧洗完，因为还得给邻居还回去。所以从那时起，我就留下了心理阴影，特别痛恨洗碗。

结婚以后，我很喜欢做饭，但坚决不洗碗。老李从一开始就承包了这项任务，要是赶上他出差，就让我直接把碗放在水池里，等他回来洗。后来有了洗碗机，他第一时间买回来，说以后要是他加班出差，就让洗碗机代替他。

“你看，如果只看某一点，我这种把碗扔在水槽里攒着，宁可等老公回家洗的女人，绝不是一个好妻子，而老李这种因为开饭晚了就生气的男人，也绝不是一个好丈夫。

“但我们是爱人，是亲人，所以才更要体恤彼此偏执背后真实的原因，那是我们各自心里的阴影和痛处，婚姻哪有什么感同身受，越往后走，最难得的，是对彼此的慈悲。”

那一刻，我重新了解了冬姐夫妇。

也许所有婚姻，都像月亮的阴阳面，外人只看皎洁美满，而坑坑疤疤的那一面，留给各自接纳，各自消化。

冬姐说：“你家刘同学说想过节休息，也没什么错啊，难道还不许人家累吗？而且你一不高兴，人家马上同意去，但你又开始不满意态度。你们这些鸡汤作家，听多了什么不该把最差的一面留给最爱的人之类的话，其实，夫妻恰恰就是只能把最差一面暴露给彼此的人，因为没处躲。

“你养个小猫小狗，心情好了逗一逗，心情不好就晾一边，但两口子都是人，天天都得面对。外面愿意哄你的人，也只是有心情的时候哄哄你，没心情的时候都躲得远远的，可只有夫妻，所有的苦和累，所有的烦和难，都要在你面前暴露，你不能因为这一点，就说他不够爱你。”

我承认冬姐说的是对的。

我去欧洲旅行十天，他在家天天带孩子，我回来之后，他又要紧锣密鼓地安排应酬，要赶在节前把人情往来打点完。

累吗？肯定累。

婚姻是一席华美的袍，上面爬满了虱子。亲密关系，其实是一个弹性空间，并没有绝对的对与错。我们不能只想看对方风光坚强，却不愿见他疲惫风霜。

再好的婚姻，也从无感同身受，只有冷暖自知。这是生活的真相。

《论语·子张》有一句：“如得其情，哀矜而勿喜。”

用张爱玲的话说，也许就是：“因为懂得，所以慈悲。”

懂得你不为人知的伤口，懂得你无法言说的苦衷，懂得你脆弱背后的满目疮痍。

因为爱，一切才都值得被宽宥，一切才值得被谅解。

世事纷纭，情欲万丈，爱情越来越像快餐。

唯有一份真实的爱与宽容，才是我们行走红尘的铠甲，抚平内心酸涩，翻越岁月山河。

请给我一个满足欲望的拥抱

> 如果所有爱情与生活都将以锋刃相交，
> 我们愿各自背负欲望，走过远征路上的艰难坎坷。

01

小区附近新开了一家日料店，老板是一对“90后”小情侣。

有时周末我独自在家写稿，写饿了就披件大衣出门，去店里点一碗海鲜乌冬面。

原木装修，手写餐单，卡座吧台，静谧温暖。

去得多了，慢慢熟络起来。小伙子叫大勇，姑娘叫小美。他们曾在北京颐和园旁的星级酒店工作。大勇是日料大厨，小美是前厅接待。每天风尘仆仆奔波劳碌，令他们厌倦了帝都生活。去年夏天来到青岛旅游后，他们回去辞掉了工作，盘下了这间破旧的小店面，改造成了日料店。

不临街，靠海近，店面小，房租便宜。大勇当主厨，小美当接待兼收银。两人话不多，总是笑眯眯的。

小店生意很好，每天预定满满，有时我临时去没有位子，小美温言细语地道歉：“姐，不好意思啊。”

他们忙得不亦乐乎，像快乐的蝶。

有时我深夜回家，路过时总忍不住往里看一眼。店里已打烊，门口拉上竹帘，路边霓虹斑驳，店内光影依稀，两个人拥抱着，依偎着，嘻嘻哈哈一起刷手机。

这便是最好的时光吧。

爱是糖，辛苦疲累都甘之如饴。那笑容清澈明亮，不见颓唐，不见风霜。

这样的依偎和拥抱，我们多久没有过了？

02

张爱玲在《十八春》里写：“对于三十岁以后的人来说，十年八年不过是指缝间的事，而对于年轻人，三年五年就可以是一生一世。”

爱的时候，我们相信那就是此生此世了。

欢喜，跳跃，疯狂，执着，那个人，让世界从此不同了。

像诗里写的：“我欲与君相知，长命而无绝衰。山无棱，江水为竭，冬雷阵阵夏雨雪，天地合，乃敢与君绝。”

也像陕北民歌里唱的：“一碗碗个谷子两碗碗米，面对面睡觉还呀么还想你。”

我们那样浓烈炽热地爱过。相思缠绵入骨，爱恋舍生忘死。

中年后感慨零落，不过只因为，那样的爱情，我们拥有过，最终还是失去了。

爱情是一块糖，光泽盈润包装精美，谁看了都想要。

婚姻是糖放进水里，慢慢化开，慢慢消耗，最后成了一杯浑浊的水。明明还有甜味，但看那样子就让人不想下嘴。

爱只是缘起，而后面的故事，却需要各种成全才能续写下去。

命运，机缘，境遇，有人茕茕独行，有人策马扬鞭，有人茫然四顾，有人推杯换盏。

那些有幸走入婚姻的男女，各自经历着良莠并茂、五味杂陈。

他在外面对谁都好，唯独回家对你没有耐心。

你在外面处处和善，偏偏对枕边人口出恶言。

曾几何时，我们变得孤独又自私，只想要被爱的感觉，不想要爱的烦琐。慨叹唏嘘里，几乎不再有耐心磨合下去。

经年累月，面目全非。

03

周末，朋友两家小聚。微醺之际，两男人一起举杯，敬各自的妻。

R说："我脾气不好，很多事做得不够，老婆为我牺牲了很多。"

R的太太当场泪崩。

为生二胎，她辞去月薪数万的工作，甘当两年全职太太；为成全他的小老板梦，她从首席设计总监变身小面馆收银员。

我懂她泪奔那一刻的脆弱。

R揽她入怀，为她拭泪。经年辛酸，哽咽难言。她等待的，不过就是一个拥抱。

爱情里谁不曾是神的孩子，后来皆被打入柴米凡间，无一幸免。

我知道所有选择都无可厚非，无非是能过得了自己这一关。该放下的放下，该背负的背负，该坚守的坚守，该让步的让步。

女人就是这样，身经百战，成了熟女中的战斗机。

我和R的妻一样，曾那么渴望一个懂得的拥抱。像十五年前恋爱的海边，月夜，大雪，风天。

我们无处可去，他将我拥在怀里，我们恨不能一夜老去，不管今夕何夕。

而后来，我们从吟诵“青青子衿，悠悠我心，纵我不往，子宁不嗣音”，到感慨“至高至明日月，至亲至疏夫妻”。

被生活揉搓过的爱情，皆有疲惫涣散的时刻，我们一步步行至如今，当年的爱情成为泥沙俱下里的余烬。

04

直到有一年，我去问我妈，为什么跟我爸吵了一辈子，到底还是没离婚。

她朝我翻了个嫌弃的白眼：“还不是因为你？我就想着，不能让你长大了，结婚的时候，人家男方父母上台，你这边缺爹少娘的，让婆家看不起。”

其实我知道她口不应心。

我的父母15岁相识，20岁相恋。一起从青葱行至暮年。婚姻里争吵过，撕扯过，失望过，挣扎过。可终究，兵荒马乱的生活依然记下了那些美好与温情的时刻。一起在车间干临时工，一起下地偷苞米，他珍藏着她用塑料绳编的钥匙扣，她积攒着他为她画过的水墨画。

那些真挚的，温暖的，从开辟鸿蒙到地老天荒的情愫，谁都无法取代。像两株植物，成为彼此的一部分，长出交缠的枝枝蔓蔓。

爱过的人，以何为凭？

因为路过你的路，因为苦过你的苦。

电影《芳华》的最后，何小萍说：“能抱抱我吗？”

刘峰伸出仅存的一只手臂，将她揽入怀中。

一个迟来的拥抱，最后的相依为命。

如果所有爱情与生活都将以锋刃相交，我们愿各自背负欲望，走过远征路上的艰难坎坷。

即使终有一天，江湖聚散。

此刻，请给我一个扎扎实实、发自肺腑的拥抱。

桃心话

◇

01

讲述：

我和老公是大学同学，自由恋爱，很美好，后来我们在北京从零奋斗，从合租房开始，受尽中介欺负，后来换房子，再后来有了自己的小房子。

我们终于结婚了，买了车，又换了大房子，后来有了孩子，他对我一直很好，我无忧无虑，日子真的想不出有什么不好。

有孩子后他换了一份工作，去南方长期出差。我喂奶睡不好觉，他出差的工作也很累，我们开始吵架，开始互相抱怨。

后来，他每次回来都挑家里的不是，哪都不好，每次都吵架。直到一次休长假，我偷看了他的手机，发现了他出轨的事实。

那个女孩朋友圈里的照片让我痛不欲生。他人在我身边时还在和她说着想你的话，半夜我拿着手机，默默地哭。

我决定忍耐，先不说，看他的态度，结果第二天他还是各种不顺眼，吵架，我忍着和他按照原计划回了老家带着孩子看他妈妈，但他依然心不在焉，不停地发信息。

后来我们摊牌了。我心里以为他会给我一个解释，然后我们还会好起来的，是我太天真了，也把事情想得太简单了。

他说可以离婚，他净身出户。我说我愿意原谅，一切重新开始，我们一起努力解决问题，他说他受够了，家里太烦了，他想逃离，逃离我和孩子，逃离这个家。

他很快又出差了，那个女孩就在他出差的城市。走后一个月，他态度越来越冷漠，我什么都抓不住，还不敢问，天天变着花样地关心他，联系他。他态度越来越不好，一个月后他回了家，看起来没什么区别，但是我心里越来越凉。

他说离婚，我的孩子只有一岁几个月，我不想他没有爸爸，我也不想失去他。

我还是不停地联系他，关心他，但是他越来越冷漠，孩子生病，我父母生病，我生病，他全然不管，我的心沉到谷底。他在外地生病也不让我去，我担心投鼠忌器，把机票退了。

这几天他终于回来了，回来就说了离婚，他说他累了，受够了，所有的感情都不想考虑了，就想为自己活，什么孩子，家庭，责任都不想管了。就是要离婚，要自己开始新生活。

我不想离婚不想放手，我知道自己有错，我想改变，想要这个家，这个人，不想我的孩子没爸爸，孩子是无辜的。但是他很坚决。他现在要离婚财产一人一半，说自己当时提出净身出户太不理智了。

现在事情已经有点狗血了，他开始为自己打算。我希望绝处逢生，但是找不到出路。

我本来是个坚强、果断的人，刚毕业时做销售，月月都是销售冠军，周围追求我的人很多。这些年转了文职，确实太安逸了，老公又宠着，我都已经不是我自己了，现在就好像一个没有腿的人，被逼着去跑去跳。

我很茫然，不知道该怎么生活，孩子也不知道要不要，我觉得这样的自己根本承担不起带孩子的重任，我是个没有能力的妈妈。我爸妈劝我要孩子，再苦再难都能过去，但是我一想到以后孩子跟了我，他爸爸又那么狠，就真的没有爸爸了。

看了你所有的文章和书，那种通透和豁达正是我没有的，所以冒昧发了信息。我现在真的很迷茫，不知道这半年怎么过，请帮帮我，谢谢！

期盼您的回复。

回复：

两个人从大学情侣，到结发夫妻，从一穷二白，到三口之家，中间要熬过多少白手起家的辛劳时光，撑过多少一无所有的清苦岁月，我特别懂。

所以更明白，这种出轨最伤人。年少时所有艰难困苦都一起走过来了，却在有车有房有娃，一切都趋向美满的时候，断裂了。

你现在一定正承受着煎熬之苦，撕裂之痛。

离婚从来不是一件容易的事。我们看过那么多出轨经历，听过那么多婚外案例，只有局外人会不假思索地叫嚣“马上离婚，让他滚”。女人稍微犹豫、踟蹰、纠结一下，似乎就是窝囊、没自尊、不独立。

并不是这样的。

你是被伤害的那一方，你有权哭泣，有权痛苦，甚至有权软弱。

只是，现在我们需要探讨的是，你哭泣痛苦软弱之后，接下来需要做什么?

01

看清残酷的真相，接受人心的薄凉

他的外遇出现在你们有了孩子又两地分居的阶段。

养孩子绝对是中国婚姻的照妖镜，没外遇的都能吵得离婚，更别说内忧外患双重夹击。你们的初衷是好的，换份工作，哪怕长期出差不能日日团聚，可以多赚点钱，让日子过得更好。

可对于任性的男人，天高皇帝远，稍一放纵，就会“犯了天下男人都会犯的错”。

他回家当然会烦，外面有人温言软语柔情蜜语，这头孩子一会儿哭一会儿闹一会儿拉一会儿尿，虚弱疲惫的妻子用抱怨向他索求关爱，他不想承担，不想负责，只想逃避，逃回远方的温柔乡，春宵一刻醉生梦死。

而发现他出轨后，你急于亮出了自己的底牌：愿意原谅。

你以为你率先表明态度，给他个台阶下，你的大度可以让他感动、内疚、幡然悔悟、重回家庭。

可惜并没有。他沉迷在婚外情里无法自拔，横竖看你不顺眼，各种挑剔，各种指责，各种嫌弃，各种抱怨。

在这场交锋里，你显然是弱势。他看透了这一点，所以敢步步紧逼越来越放肆。一开始还算有点廉耻，主动说自己净身出户，后来一看你这么好欺负，干脆明目张胆地算计起来。

他毫无愧疚，不思悔改，将你的关心和宽容，连同尊严一起踩在脚下，碾成碎片。

这世上，最温暖的是爱，最凉薄的是不爱。

女人总是不明白，男人狠起心来怎么会像变了一个人。

我告诉你，自私的人都这样。

他不知道这些事会伤害你吗？他不懂得这些话会刺痛

你吗？

他都知道。但他还要去说，去做，因为他只考虑自己，他的心里只有他自己的利益。

02

你可以哭但别哭太久，可以软弱但不能一直软弱

你想挽回，并不代表你还爱他。即使你觉得自己还爱他，事实上，你爱的也已经不是眼前的这个他，而是以前的那个爱着你，宠着你，无微不至对你好的男人。

你说，怕孩子没爸爸，不如说，你怕的是一个人重新面对生活。

一个人被迫打破原有的习惯，告别原来的生活，都会心生恐惧。可如果你战胜不了这种恐惧，就会被它奴役、控制、玩弄，它让你一次次像个小丑，想妥协，想认错，想哀求，跪地乞怜，苦苦挽留。

其实你不是不懂，心早已冷透。

孩子的确是无辜的，没有任何人愿意让自己的孩子在单亲家庭中长大，他那么弱小，无力决定自己的宿命。越是这样，他越需要一个理智、强韧的妈妈。你去看看《动物世界》里，每个母兽都是要把自己养强壮，才有能力保护幼崽。

这次创痛，让你痛苦地死了一回，但死过之后，人必须要变聪明，变强大，变坚韧。

别再去求，别再去取悦，别再去示好。打起精神先打理好自己的生活，而不是被他的一举一动牵着鼻子走。

离不离婚，在你没有最后想清楚之前，不用急于做决定。就算要结束，也不是他一句话说了算的。你有权拿回自己人生的主动权。

不要念旧，不要沉迷于从前恩爱的回忆。

好合好散，一别两宽，是理想结局。但从他现在的行为来看，已经是不可能了。

该留的证据要留，该找的律师要找，他已经开始算计财产了，你别像个傻瓜一样被暗算。

感情基础解决不了问题，良心到最后一步也未必管用。能裁决的，只有冰冷的法律。

03

当你重新成为你自己，离婚出轨算什么

你的整篇文字中最让我高兴的是，你提到自己曾经那么优秀那么棒。

一个初出茅庐的女大学生，能够脱颖而出成为公司销售冠

军，你一定有自己的过人之处。不过是这几年贪图安逸，把重心转到了家庭，原来的利刃生了锈。怕什么？磨一磨就是了。

重新把自己的优势找回来，你才多大？孩子刚一岁，最好的年龄才刚刚开始。我的读者里，有无数像你一样曾经身陷困顿，凭着一口气、一双手，重新活出自己的年轻妈妈。

你要重新成为真正的自己，那个充满斗志和能量、月月冲销售冠军的姑娘。

生活上，从工作、从赚钱入手。别说自己不行，你从前行，以后就也能行。

情感上，实在想不开，就去医院走走，看看人间百态，生死无常，你就会明白，人间四苦生老病死，没有离婚这一项。

还是不行，就去墓地逛逛，你会知道，好好活着已是最大的奢侈，男人出轨算什么。

亲爱的，就算最后，你仍然舍不下这个人，仍然想挽回，你也要明白：最好的挽回，是活成一个更好的自己，而不是认错流泪抱大腿。

鸟儿能站在一根树枝上从容歌唱，不是因为树枝不会断，而是它知道自己会飞。

02

讲述：

姐，我每月工资一千多，做服装销售。入职前在家带了三年孩子，被婆婆骂不自己赚钱（在此之前她经常给我零花钱），各种羞辱后，我毫不犹豫把孩子送去幼儿园，自己出来上班。可是孩子以哭闹、感冒各种方式抗议去学校。真心好累！我不想把孩子交给婆婆带，因为她一直以来觉得孩子是他们家的，甚至当面说妈妈不能跟孩子亲，她有什么资格说这样的话！我现在虽然一方面要顾孩子，一方面要工作，回家还要帮忙家务。这些很累，可是我最迷茫最无助的是在小农村，我该何去何从，我不甘赚着一个月千把块，我想赚很多钱，我想能独立照顾孩子。

作为母亲，我需要足够强大的力量来为孩子遮风挡雨，而前提是先自力更生。脱离社会多年，该怎么选择？

回复：

生而为人，每个人都值得拥有美好，每个努力的母亲，都配得上更好的生活。

不知道你老公哪去了，你自始至终没提一句。首先，他对家庭和孩子有责任，不该把养家养娃的责任都扔给你。

其次，婆婆的三观只能远离，改变不了。你一定要坚持去工作的信念。

第三，无论农村和城市，这个时代都有商机。你需要的是拥有一项过硬的技能。多学习，多尝试，受农村现实条件限制，就多研究互联网，比如电商、微商代理，包括你现在做服装销售也没问题，去研究市场，学习产品，学习营销，提升服务。

为母则强。当你启动了势在必行的能量，就有机遇和资源会来帮你。这是一个靠实力说话的时代，无论婚姻还是生活。

03

讲述：

我看孩子5年，孩子上幼儿园了，我找工作。后来到老公店里上班，结果夫妻关系急转直下。这样下去，互生不满，也厌倦了婚姻。我的选择错了吗?

回复：

我不太提倡夫妻共事，当然也有夫妻共同创业干得非常好的好案例，这离不开天时地利人和，更离不开两个人的理性智慧。大多数人很难做到。

女人在家带娃5年，除非有非常强的自律和学习能力，否则难免会与社会有脱节，这也是全职妈妈特别辛酸的一点。

但问题是，你给自己的老公打工。

他从老公变成老板，理所当然地对你发号施令，看不惯的要批，做不对的要改，若是情绪管理能力再差点的，把昨晚的隔夜仇带来今天的工作里也是家常便饭。

你的价值很难以从夜里是老公白天是老板的那个男人那里得到认同，反倒外来的和尚会念经。你的功劳也很难体现，做得好，他觉得你应该的。做得差，他觉得给他丢人了。

而你呢？你可能觉得自己不是来打工的，是来当老板娘的。你会不由自主地认为，你有资格参与决策，看不惯的地方也有权力勒令整改，但你老公习惯了一人独大，如此一来，必生厌烦。

角色发生变化，心态和思维不变化，关系必然急转直下。

夫妻店其实是对两个人很大的挑战，需要双方都有足够的情商和智慧。

如果现在做不到，就换个工作吧。给谁干不是干，只要能挣回钱。

少了这些生气和羁绊，说不定你能更大展拳脚，令老公刮目相看。

04

讲述：

我这么努力变美，学习，不是让我妈妈给我在所谓的相亲角上找个不搭的男人！我不懂为什么生儿子的妈妈都会觉得自己儿子老牛了。而我妈妈只想我能嫁出去就好，随便谁都可以。

回复：

中国式家庭有两点一直被诟病，一是界限不清，二是孝就要顺。你妈妈其实这两点都占了。但不要紧，你已经成年了，而且在不断地学习和提升，妈妈没有的界限，你要有。妈妈坚持的做法，你有权不顺从。

你很大的痛苦，不只是来源于妈妈催婚这件事，而是对她有隐藏的愤怒——她为什么不能真正地爱你？她为什么急于像降价处理一样处理掉你？她为什么不能考虑你真正的需求和感受？她为什么这样不负责任地对你？

亲爱的，可能终其一生，你都无法改变这样一个妈妈，但你可以做你自己，所以，从今天起，请对妈妈平和而坚定地说：

“想让我和谁结婚，那是你的事。要和谁结婚，那是我的事。”

05

讲述：

桃姐，我是个很消沉的人，对什么事都积极不起来，工作一般，收入不高，没有对象，生活真的太没劲了。很羡慕你们这样活得精彩的女人，可我不知道怎么样才能变成你们那样的人，没什么特长也不知怎么挣钱，关键也没动力，可我还不到30岁，人生就要这样浑浑噩噩地过吗？

回复：

现在爬起来，去最高档的商场，试最贵的衣服。当售货员说“小姐这件衣服很适合你，帮你包起来吧，刷卡还是现金？”时，你大声说：“我很穷，没钱买。”

然后记住那一刻全店的人的眼光。

被现实狠狠打过脸就知道怎么做了。